o que quer um professor?

CONSELHO EDITORIAL

Aurora Fornoni Bernardini
Beatriz Muyagar Kühl
Gustavo Piqueira
João Angelo Oliva Neto
José de Paula Ramos Jr.
Leopoldo Bernucci
Lincoln Secco
Luís Bueno
Luiz Tatit
Marcelino Freire
Marco Lucchesi
Marcus Vinicius Mazzari
Marisa Midori Deaecto
Paulo Franchetti
Solange Fiuza
Vagner Camilo
Walnice Nogueira Galvão
Wander Melo Miranda

fernanda ferrari arantes

o que quer um professor?

Ateliê Editorial

queixa, demanda e desejo na formação de professores

Copyright © 2024 by Fernanda Ferrari Arantes

Direitos reservados e protegidos pela Lei 9.610 de 19 de fevereiro de 1998.
É proibida a reprodução total ou parcial sem autorização, por escrito, da editora.

Dados Internacionais de Catalogação na Publicação (CIP)
(Câmara Brasileira do Livro, SP, Brasil)

Arantes, Fernanda Ferrari
    O que quer um professor? : queixa, demanda e desejo na formação de professores / Fernanda Ferrari Arantes. -- 1. ed. -- Cotia, SP : Ateliê Editorial, 2024.

    Bibliografia.
    ISBN 978-65-5580-130-9

    1. Aprendizagem - Metodologia 2. Educação 3. Formação docente - Metodologias ativas 4. Professores - Formação I. Título.

24-192217   CDD-370.71

Índices para catálogo sistemático:
1. Professores : Formação : Educação 370.71

Aline Graziele Benitez - Bibliotecária - CRB-1/3129

Direitos reservados à

Ateliê Editorial
Estrada da Aldeia de Carapicuíba, 897
06709-300 – Granja Viana – Cotia – SP
Tel.: (11) 4702-5915
www.atelie.com.br | contato@atelie.com.br
facebook.com/atelieeditorial | blog.atelie.com.br
instagram.com/atelie_editorial

2024

Printed in Brazil.
Foi feito o depósito legal.

Às professoras e professores que
generosamente se dispuseram a compartilhar
suas experiências de formação.

A eles, e a todos os outros, que ao assumirem
a implicação subjetiva diante da formação
e da prática que exercem, podem se aproximar
de seus desejos e de seus saberes.

"Se alguma coisa nos anima a educar é a possibilidade de que esse ato de educação, essa experiência em palavras, nos permita libertar-nos de certas verdades, de modo a deixarmos de ser o que somos para ser outra coisa, diferente do que vimos sendo."
Jorge Larrosa Bondía e Waltyer Kohan, 2019

Prefácio
Rinaldo Voltolini 10

Apresentação 21

Introdução 24

1   **Formação de Professores: Configurando um Campo** 54

2   **O Conceito Lacaniano de Outro e a Formação Docente** 94

3   **O Neoliberalismo e suas Implicações na Formação Docente** 132

4   **Queixa Docente e a Oferta das Formações** 184

5   **Afinal, o Que Quer um Professor?** 234

Referências Bibliográficas 251

Prefácio

Rinaldo Voltolini

O Que Quer um Professor?

Eis aqui uma pergunta enganosa. Não digo enganadora, como aquela que esconde suas intenções, mas enganosa, como aquela que pode deixar despercebido seu alcance. Os que estão familiarizados com o campo da psicanálise saberão, de pronto, reconhecer na forma que ela assume uma paráfrase à célebre formulação freudiana: "O que quer uma mulher?"

Para Freud, esta questão estava longe de ser o reflexo direto de uma ignorância particular no assunto. Ele profere esta frase na fase mais madura de sua teorização. E ela se produz a partir do reconhecimento de que apesar de tudo o que ele havia entendido das mulheres – a quem escutou de forma inédita na história da ciência –, e do humano através delas, persistia algo de misterioso nesta questão. Mistério que apesar de toda luz que se possa jogar nele manterá sempre certo grau de sombra.

É esta inspiração psicanalítica que Fernanda Arantes traz para revirar do avesso seu objeto de pesquisa: a questão da formação de professores. Ela, também, vai escutar os professores e escutar de um modo bem preciso, aquele mesmo que permitiu a Freud revirar pelo avesso a questão do entendimento médico sobre o funcionamento e o sofrimento mental. A operação realizada por Freud foi a de passar da ausculta – procedimento próprio à lógica médica – à escuta – procedimento que inventou a psicanálise e o psicanalista.

Este é mesmo o grande ponto de partida da autora em sua investigação de pesquisa que culminou em sua tese de doutoramento, da qual este livro é um produto fecundo. Deixando-se tocar pelo que se diz num campo que ela bem domina, por ser seu campo de trabalho – a escola e a educação – Fernanda escuta a insistência de uma queixa, de uma queixa que não cessa de ser formulada como tal apesar de todas as respostas que encontra: "Precisamos de mais formação!" Uma queixa que, embora possa variar na definição de seu objeto, retorna sempre ao mesmo lugar.

Como boa psicanalista, ela sabe que uma queixa nunca é apenas uma demanda de um objeto que falta, potencialmente solucionável, portanto, pelo acesso a este objeto. Uma queixa é algo mais complexo se levamos em conta a dimensão do sujeito e do desejo. Recorte interessante se considerarmos que o paradigma dominante em nossos tempos é o do problema/solução.

Neste paradigma uma queixa será sempre escutada como se referindo a um objeto que falta, falta para a qual uma solução deve ser apresentada. O Mestre, tal como o definiu Lacan, é aquele que nada quer saber, apenas quer que as coisas funcionem. Mas as coisas nem sempre funcionam, e isso mesmo quando apresentamos a elas as supostas soluções.

É exatamente isso que Fernanda capta na queixa incessante dos professores por formação, mesmo depois de várias formações recebidas. Sempre podemos pensar, claro, que com a próxima formação, com uma mais performativa, esta falta será, enfim, remediada, uma a mais..., mais ainda!!!! Quer-se um professor de excelência, selo de qualidade no mundo neoliberal, sem perceber, como bem sublinhou Winnicott, que a *suficiência* é um valor bem mais interessante do que a excelência: um professor suficientemente bom!

É mesmo neste excesso que não cessa – e que Fernanda evita concluir como às vezes faz o Mestre, quando crê tratar-se de impropriedade do professor – que a autora toma seu ponto de partida. Ela vai preferir tomar este excesso desde uma maior complexidade, como signo do sofrimento do professor.

Ponto de partida que a faz abrir uma outra página de investigação no campo da formação de professores, donde seu subtítulo: "queixa, demanda e desejo na formação de professores". Não se trata de psicologizar a formação de professores, mas – usando de novo Lacan – de histericizá-la. Quer dizer, de mostrar nela um sintoma no sentido definido por Lacan de "retorno de uma verdade na falha de um saber".

Mas qual verdade retorna? E qual é a falha e de que saber? O livro tomará um longo e substancial caminho para encaminhar esta questão, mas podemos adiantar a fórmula que condensa todo o percurso: o saber que falha é o do Mestre, sempre solícito em identificar o problema para apresentar uma solução e fazer com que as coisas andem; e a verdade que retorna é a de que *quanto mais o professor for silenciado em sua verdade, mais se ouvirá o grito de sua queixa.*

De certo modo Fernanda refaz, com a figura do professor, o caminho de Freud com a histeria. Se Freud foi desembaraçando a histeria da figura mulher – lembremos que para a ciência da época a histeria era uma afecção exclusivamente feminina e devia ser compreendida em relação à sua vida sexual supostamente insatisfatória –, Fernanda desembaraça o professor-suposto-em-falta do professor. Da mulher em falta à falta da mulher, assim como do professor em falta à falta do professor.

O percurso do livro começa com um primeiro passo, percorrer o campo da formação docente, suas questões, impasses, teorizações, enfim, sua construção discursiva. Por aí Fernanda retoma os principais autores que influenciaram a investigação e teorização no campo da formação docente. Com destreza, ela perpassa os conceitos, mas, sobretudo, para destacar neles, ou a partir deles, suas próprias questões.

Seu objetivo não é o de oferecer mais uma contribuição neste campo, nem de revolucionar o campo com uma mudança de ângulo, mas, apenas, o de destacar como a produção neste campo faz sintoma. Um exemplo disso é quando, por exemplo, explora a tese de que o lugar que a formação docente ocupa na agenda pedagógica atual contribui para o mal-estar que aparece na queixa docente, e que escapa a todas as tentativas de resposta de mestria, bem como às questões do encaminhamento teórico.

A formação docente passou recentemente a ocupar o lugar da resposta àquilo que se chama de fracasso escolar. Se até há pouco tempo as causas do fracasso escolar eram buscadas em algum fator idiossincrático do aluno e sua família – hipótese que, longe de ter deixado de existir, prolongou-se, desembocando no fenômeno conhecido pelo nome de medicalização da infância –, hoje em dia ela é constantemente referida a uma suposta precariedade da formação docente: se o aluno não aprende é porque os professores trabalham mal, ou seja, algo na formação deles não anda bem.

A formação daí oferecida teria, então, um caráter mais *reparatório* do que *emancipatório*. Quer dizer, em vez de perceber a formação do professor como *insuficiente* – resta a avançar – ela é percebida como *insatisfatória* – resta a corrigir. E tudo isto, claro, extensamente alimentado pelo imenso mercado que tomou conta da formação docente: há sempre alguém pronto para oferecer ao professor um novo produto.

Introduz-se com frequência, por esta via, um vício que consiste em desconsiderar a experiência do professor como ponto de partida de qualquer formação, para propor a ele um caminho outro, iluminado pelas sempre novas tecnologias de ensino: o imperativo da inovação.

Seguindo na análise do sintoma da formação docente, Fernanda soube reconhecer, na teorização deste campo, a presença decisiva de uma certa noção de sujeito, de um sujeito racional, capaz de seguir (boas) instruções de trabalho – tal como lhe é proposto pelas teorias mais positivistas – ou, ainda, capaz de refletir sobre sua prática e transformá-la conforme o que aponta a melhor reflexão. Em que pese as várias diferenças entre estas duas perspectivas de formação docente, pode-se perceber entre elas um denominador comum: o sujeito/mestre.

Sem, claro, desconsiderar ou desmerecer a capacidade reflexiva ou de mestria que o sujeito pode ter, a autora demonstra, como o fez a própria psicanálise desde sua invenção por Freud, que por trás de toda tentativa de mestria do ato de ensino há um sujeito do inconsciente que pulsa condicionando este ato. Digamos que ela chega a comprovar, a seu modo, aquilo que Perrenoud já havia apontado sob o nome de "utopia racionalista". Ou seja, a crença na capacidade de domínio racional de todas as variáveis do ensino.

Trazendo o sujeito do inconsciente para a cena da formação docente, Fernanda reitera uma ideia importante na psicanálise, que distingue e articula saber – sempre inconsciente – e conhecimento – consciente, por definição. Ponto que a faz tomar partido, assim como o fez Freud, da necessidade de mover as forças do inferno – *acheronta movebo* – quando aquelas do céu – *flectere si nequeo superos*[1] – se mostram insuficientes.

Um segundo passo que a autora dá em sua investigação é o de contextualizar sua análise em termos da discursividade dominante no mundo contemporâneo. O neoliberalismo reinante, também no campo da educação e da escola, faz sua marca, tanto para favorecer a dominância dessa ideia de sujeito/mestre, sujeito empresário, quanto para impor seu derivado organizacional, o paradigma problema/solução.

A queixa docente será percebida, neste cenário, como um problema particular que suscita uma solução particular, pensada, assim, em termos proporcionais: para a queixa docente, mais formação. Tudo isso, claro, como é mesmo peculiar ao estilo neoliberal, acompanhado de avaliações de resultados – mais do que efeitos – através de longos e precisos formulários de avaliação.

Capturada nesta lógica, a queixa do professor fica formalizada numa queixa padrão, com uma resposta padrão, feita para resolver, claro, um problema padrão. Não que os professores não se beneficiem ou nada aproveitem do que é desenvolvido nestas formações. Em geral, eles as

---

[1] *Flectere si nequeo superos, acheronta movebo*. "Se não posso dobrar os céus, moverei o Aqueronte". Virgílio, *Eneida*, Livro VII.

prestigiam, as comemoram, as demandam, participam nelas ora com entusiasmo, ora para fazer subir os pontos em sua carreira.

A questão é que quando retornam à sala de aula o que conta não é a resposta padrão aprendida nos cursos, mas aquela que exige uma presença de sujeito frente ao aluno. Questão de transferência: não existe relação professor-aluno, mas, antes, relação professor-seu-aluno. É desde sua implicação concreta na sala de aula que age o professor.

Por esta razão, como passo conclusivo de seu percurso, a autora envereda pelas questões do desejo, em toda a sua complexidade, para deslocar o epicentro da questão da queixa e da formação docente, da armadilha do paradigma do problema-solução. Da queixa *docente* à queixa do *professor*!

É desde sua implicação subjetiva na cena educativa – por efeito de estrutura imersa num campo transferencial – que Fernanda propõe pensar, sob nova luz, a formação de professores. Partir de sua experiência, não no sentido de experiência acumulada, mas de posição implicada na cena que ele participa e narra, torna-se uma perspectiva interessante. Enquanto no campo pedagógico é mais comum se pensar o *papel* do professor, através da psicanálise é dado pensar a *posição* do professor.

Partir da experiência do professor não para valorizá-lo em seu saber – proposição que o próprio neoliberalismo faz de bom grado como forma de seduzir o professor indicando-lhe que o seu saber conta –, mas para confrontar o professor com aquilo que ele *não sabe que sabe*, aquilo que lhe escapa à consideração por força de sua própria implicação. Não é o caso de tomar consciência, mas de tomar distância, o suficiente para melhor situar-se em relação a si mesmo e a seu ato.

Ao fim e ao cabo deste percurso, a pergunta "O que quer um professor?" revela, enfim, seu verdadeiro valor. Ela não serve para ser respondida como se para ela houvesse uma resposta precisa; não serve, igualmente, para alimentar o paradigma problema-solução; tampouco serve para contemplar as necessidades do professor. Ela é uma questão operatória, através da qual se abre uma porta para que entre em cena, venha à luz do dia, algo que é sintomaticamente negado, até porque sua percepção complica significativamente os planos de solução, tão próprios à mestria. O que é sintomaticamente negado pela mestria é a implicação desejante do professor em seu ato.

Dentro do melhor espírito da teorização do campo da psicanálise e educação, o livro que o leitor vai descobrir nas páginas que se seguem, escritas por uma autora que soube implicar-se em seu desejo, chacoalha certezas pedagógicas, levanta questões inconvenientes – mas não impertinentes – à mestria enquanto aponta o impossível de controlar, nos mesmos moldes do "impossível da educação" anunciado por Freud. Impossível que longe de ser uma declaração de impotência do educador é, antes, a condição preliminar para circunscrever o campo dos possíveis. Melhor saber orientar-se no escuro do que cegar-se com uma falsa luz.

Bom apetite!

Psicanalista e professor da Faculdade de Educação da Universidade de São Paulo (USP). Mestre e Doutor em Psicologia pelo Instituto de Psicologia da Universidade de São Paulo. Possui pós-doutorado em Psicogênese e Psicopatologia na Universidade Paris XIII. É um dos coordenadores do Laboratório de Estudos Psicanalíticos da Infância e da Educação (LEPSI) da USP e coeditor da revista *Estilos da Clínica*.

Muitos que lerão as páginas a seguir poderão afirmar que este talvez seja mais um trabalho sobre formação de professores e seguirão se perguntando: o que ainda existe a ser pesquisado sobre o assunto? Dado que apenas no Brasil existem centenas de artigos e dezenas de teses e dissertações sobre o tema, o que levaria alguém a investir alguns anos para publicar mais uma pesquisa sobre a formação de professores e suas implicações?

De fato, este se apresenta como mais um trabalho que pretende se debruçar sobre o tema da formação de professores. Mas, para além de repetir o que já vem sendo pesquisado e debatido, buscará desvelar (no sentido de retirar o véu para tornar visível aquilo que antes estava coberto) pontos que ainda não foram problematizados à exaustão. Entre eles, a queixa docente.

A formação é um tema que desperta um interesse mais amplo por ocupar um lugar de bastante importância nos discursos vigentes e hegemônicos, sejam eles políticos ou pedagógicos, que atribuem ao papel do professor a qualidade das práticas educativas.

Longe de tentar recobrir e tratar de todas as facetas e abordagens que o tema formação de professores requer para que se tenha uma visão total de sua complexidade, de propor modelos formativos diferentes e alternativos ou ainda de supervalorizar os já existentes, a intenção deste estudo é a de colocar algumas questões preliminares e já debatidas para que se tenha um conhecimento mais abrangente sobre o tema e, a partir disso, aprofundar algumas ideias que nos parecem mais relevantes de serem discutidas e problematizadas.

Este estudo é fruto da minha pesquisa de Doutorado defendida em março de 2023 na Faculdade de Educação da Universidade de São Paulo sob a orientação do Prof. Dr. Rinaldo Voltolini. Desse modo, a fim de discutir as questões apresentadas, foram realizadas entrevistas[1] com professoras e professores, escutando-os desde a percepção que têm de seus lugares enquanto docentes, assim como os lugares discursivos em que a lógica das formações os posiciona. Tais entrevistas tiveram papel fundamental na estrutura deste trabalho. Portanto, buscando articular a queixa docente à dimensão da formação de professores,

---

[1] A realização das entrevistas inseriu-se em um momento específico do contexto social, no qual as escolas estavam reabrindo suas portas e experimentando um retorno ao modelo presencial após uma longa temporada de fechamento. Devido a esse contexto, não foi possível realizar entrevistas presencialmente nas instituições de ensino, e sim de forma remota. As professoras e professores que aparecem ao longo deste estudo são identificados por nomes fictícios com o objetivo de preservar suas respectivas identidades.

este estudo se propõe a identificar o que estaria por trás desta queixa que carrega um caráter de insuficiência permanente – e insistente.

Diante do exposto, fica aqui o convite a quem quiser acompanhar essa discussão. Nas próximas linhas, tentarei tecer a trama de um caminho investigativo a fim de responder à pergunta preliminar e encontrar possíveis tessituras sobre o tema formação de professores.

Introdução

Nos dias de hoje, no contexto educativo, encontramos com certa facilidade inúmeras ofertas de cursos com o caráter de formação continuada para professores (sejam eles cursos de aprimoramento, extensão, especialização, pós-graduação, grupos de estudos ou muitas das outras modalidades subsidiadas tanto pelo Estado quanto por iniciativas privadas), com o objetivo de proporcionar aprimoramentos e mais conhecimento sobre o exercício das práticas docentes: novas metodologias, ações e estratégias para garantir o sucesso no processo de ensino e aprendizagem. De acordo com Bernardete Gatti, esse aumento – de base histórica e que emerge na contemporaneidade – se deu especialmente por questões e desafios que vêm sendo impostos à educação na atualidade, entre os quais destacam-se as relações com o mundo do trabalho e a criação do "discurso da atualização e da necessidade de renovação"[1].

Na esteira do contexto formativo, no que diz respeito à educação inclusiva no Brasil, identificamos um grande avanço de conhecimentos e práticas escolares que visam tornar o espaço escolar cada vez mais equânime e inclusivo. Sabe-se que, desde a Declaração de Salamanca, de 1994, a discussão sobre a inclusão escolar pautou-se na defesa da oportunidade e no debate de ideias fundamentais na área da Educação que apontam para o exercício da convivência social como uma maneira de lidar com a inflexibilidade diante das diferenças. Após inúmeros movimentos sociais que ganharam espaço e puderam ser sustentados por políticas públicas, decretos, resoluções e por uma lei específica que defende e garante os direitos das pessoas com deficiência, a educação inclusiva tornou-se uma oferta obrigatória de toda e qualquer escola. A partir desse cenário, muitas iniciativas formativas sobre o tema da inclusão escolar foram se consolidando, ora por demandas dos professores, ora provindas de políticas públicas decorrentes dos debates socioeducativos.

Contudo, apesar de passados tantos anos de debates, discussões e formações docentes com este foco, além da Lei Brasileira de Inclusão (Lei n. 13.146/2015) em vigor, uma inquietação se faz presente quando continuamos escutando de professores um insistente pedido por mais conhecimento para promoverem a inclusão de alunos com deficiência, dado que não se sentem preparados para tal. Falas como "não estamos preparados para isso", "como

---

[1] Bernardete A. Gatti, "Análise das Políticas Públicas para a Formação Continuada no Brasil, na Última Década", *Revista Brasileira de Educação*, vol. 13, n. 37, p. 58, jan.-abr. 2008.

fazer a inclusão de um aluno com deficiência?", "como fazer para ensinar essas crianças?" são constantes nos mais variados contextos: dentro das escolas, nas aulas da formação inicial, em cursos de formação continuada e por aí afora. Inquietação que nos leva à seguinte interrogação: *Como – e por que –, passados cerca de trinta anos da Declaração de Salamanca – e, portanto, trinta anos de educação inclusiva presente nas pautas educacionais –, as queixas docentes relativas à falta de conhecimentos e de formação para a inclusão escolar permanecem de forma insistente?*

Na esteira deste cenário, temos acompanhado, tanto no campo da educação quanto no da sociologia – assim como no da sociologia da educação –, questões relativas ao campo escolar, mais especificamente à docência, que abarcam a sua profissionalização, sua posição social, sua má remuneração, seu mal-estar (oriundo do contexto social no qual os professores se encontram), bem como um possível sofrimento psíquico. Temas como estes têm sido centrais em pesquisas acadêmicas e publicações, especificamente nas linhas de pesquisa de psicanálise e educação. Nesse sentido, as discussões acerca das práticas educativas à luz da educação inclusiva mostram-se como apenas mais um aspecto dentre tantos outros debatidos no que diz respeito ao campo da educação e, especialmente, da formação docente.

Para tratarmos do tema formação docente, faz-se necessário percorrer alguns marcos na história da educação, mais especificamente no que diz respeito à relação professor-aluno, que se expressam nas diferentes maneiras de compreender o processo de ensino e aprendizagem. No tocante à formação e à prática pedagógica, identificamos na história social da educação algumas passagens importantes que deixaram efeitos significativos na práxis docente, bem como no contexto dos processos de ensino e aprendizagem.

Buscando olhar em retrospectiva, identificamos, nas décadas de 1970 e 1980, muitas discussões educacionais e sociológicas decorrentes do que se denominou como *fracasso escolar*. Essa ideia, bastante debatida entre sociólogos como Pierre Bourdieu[2] (1966) e posteriormente no Brasil por Maria Helena Souza Patto[3] (1988, 2015) e outros, culminaram nos pontos centrais que a definem como sendo a maneira pela qual o sistema de ensino pode transformar diferenças provenientes da transmissão cultural e familiar em desigualdades do campo escolar. No cenário dos debates sobre o fracasso escolar, havia uma tendência de se culpabilizar o aluno pelo insucesso acadêmico, na qual predominavam "a psicologização do fracasso escolar e a procura de suas causas fora do sistema escolar"[4]. Culpa ou responsabilidade que, aos poucos, foi sendo deslizada para os professores. Essa passagem foi ocorrendo a partir de questões que colocavam em pauta a centralidade do aluno nos processos de ensino e aprendizagem. Uma vez central nessa relação, a responsabilidade pelo fracasso escolar não poderia ser assumida pelos estudantes, e sim por aqueles que lhes ensinam: os professores. Marise Bastos aponta que "o fracasso escolar é visto como um desacerto do professor no processo de ensino-aprendizagem"[5],

---

2   Pierre Bourdieu, "L'École conservatrice: les inégalités devant l'école et la culture", *Revue Française de Sociologie*, vol. 7, n. 3, pp. 325-347, 1966.
3   Maria Helena Souza Patto, "O Fracasso Escolar como Objeto de Estudo: Anotações sobre as Características", *Cadernos de Pesquisa*, n. 65, pp. 72-77, 1988; *A Produção do Fracasso Escolar: Histórias de Submissão e Rebeldia*, São Paulo, Intermeios, 2015.
4   Maria Helena Souza Patto, "O Fracasso Escolar como Objeto de Estudo", p. 75.
5   Marise Bartolozzi Bastos, "Sobre a Escuta de Professores na Formação Docente", em Rinaldo Voltolini, *Psicanálise e Formação de Professores: Antiformação Docente*, São Paulo, Zagodoni, 2018, p. 127.

ou seja, se o aluno não aprende cabe ao professor aprimorar-se em competências e estratégias que estimulem e motivem os alunos. Portanto, é justamente quando do professor passam-se a ser exigidas tantas outras competências, para além de ensinar e transmitir conhecimento, que a sua imagem contemporânea também sofre transformação, tornando-o o responsável pelo fracasso escolar. Rinaldo Voltolini corrobora esse apontamento ao dizer que:

> A concepção de que o fracasso do aluno que não aprende se devia a questões idiossincráticas desse aluno, seu estado psicológico, neurológico, familiar etc., foi substituída hegemonicamente pela concepção de que se o aluno não aprende é porque o professor e a escola não envidaram todos os esforços necessários[6].

Para resolver a questão do fracasso escolar, coube ao Estado subsidiar ou, em outras palavras, tentar corrigir essa lacuna ofertando as formações continuadas, que podem ser entendidas como a conquista de um direito fundamental por parte dos professores e/ou um avanço do ponto de vista das políticas públicas e do discurso da ciência e da racionalidade técnica. Ou seja, a partir deste cenário, entendemos que a formação docente entra no lugar de reparar o fracasso escolar, quando um novo saber entra em jogo no discurso da ciência e no discurso pedagógico. Faz-se necessário apontar a relevância da questão do fracasso escolar, assim como destacar o lugar fundamental do tema na história da formação de professores, talvez, o ponto de partida para a investida nas formações continuadas. Voltolini[7] tonifica essa questão

---

6   Rinaldo Voltolini, *Psicanálise e Formação de Professores*, p. 49.
7   *Idem, ibidem.*

ao destacar que esse possível desvio histórico – da culpabilização do aluno à culpabilização do professor – substituiu o anterior protagonismo do fracasso escolar pelo atual fracasso da escola, mais precisamente, do professor.

Portanto, o movimento da formação continuada de professores surgiu – e vem obtendo *status* e força – na década de 1980, quando, ao se deparar com os altos índices de fracasso (e queixa) escolar, ganhou espaço para suprir as possíveis falhas oriundas da formação inicial. Nesse sentido, nas últimas décadas a formação de professores, em especial a formação continuada, vem ocupando considerável terreno no que diz respeito à especialização e à profissionalização dessa função. Se percorrermos o histórico da formação de professores, tanto inicial quanto continuada, encontraremos momentos de mudanças significativas, entre elas a conquista da garantia de direitos de formação permanente oferecida pelo Estado.

Até o início dos anos 1970, a formação de professores era estruturada na Escola Normal de nível médio (responsável por formar professores para o antigo primário) e na formação de professores para o curso secundário nas instituições de nível superior (as licenciaturas). Em 1971, com a Lei n. 5.692, que gerou uma reforma da educação básica brasileira, houve a extinção das escolas normais, e toda a formação que elas subsidiavam passou a ser oferecida por uma habilitação denominada Magistério.

Pesquisas realizadas acerca da história da formação docente no Brasil apontam para uma certa imprecisão sobre o perfil do professor que se desejava constituir nos cursos de formação docente no país, especificamente no período entre 1960 e o final dos anos 1980. Alguns estudos apontam uma espécie de fragilidade curricular, que aparece de forma genérica e superficial.

Ao final da década de 1980, com a Constituição Federal de 1988 entrando em vigor, um novo olhar para a educação passou a se instalar, pautado na redemocratização brasileira e, portanto, na redemocratização do ensino, prevendo a educação enquanto "direito de todos e dever do Estado e da família, onde será promovida e incentivada com a colaboração da sociedade, visando ao pleno desenvolvimento da pessoa, seu preparo para o exercício da cidadania e sua qualificação para o trabalho"[8]. A Constituição de 1988 preparou um importante campo para muitas conquistas legais, entre elas a elaboração de um Sistema Nacional de Educação, o Plano Nacional de Educação (PNE) e a Lei de Diretrizes e Bases da Educação Nacional (LDBEN, Lei n. 9.394/1996). Colocada em destaque como uma das prioridades das reformas educacionais brasileiras há ao menos trinta anos, a formação de professores vem galgando espaço na legislação. Destacamos a LDBEN/1996, que promoveu de maneira significativa a discussão a respeito dos processos educacionais, provocando os setores públicos "quanto a essa formação"[9]. Além de ser a lei que define e regulamenta o Sistema Nacional de Educação brasileiro, instituiu uma nova reforma curricular e diretrizes para a formação de professores:

> Art. 62-A. A formação dos profissionais a que se refere o inciso III do art. 61 far-se-á por meio de cursos de conteúdo técnico-pedagógico, em nível médio ou superior, incluindo habilitações tecnológicas. (Incluído pela Lei n. 12.796, de 2013)

[8] Brasil, *Constituição da República Federativa do Brasil*, Brasília, Centro Gráfico do Senado Federal, 1988.
[9] Bernardete A. Gatti, "Análise das Políticas Públicas para a Formação Continuada no Brasil, na Última Década".

Parágrafo único. Garantir-se-á formação continuada para os profissionais a que se refere o *caput*, no local de trabalho ou em instituições de educação básica e superior, incluindo cursos de educação profissional, cursos superiores de graduação plena ou tecnológicos e de pós-graduação. (Incluído pela Lei n. 12.796, de 2013)[10].

De maneira geral, no que tange à formação profissional, a lei destaca a modalidade continuada como uma das estratégias garantidas. Essa lei situou um lugar especial para a formação continuada, circunscrevendo-a como um direito do professor e um dever do Estado. Contudo, essa relevante demarcação também revela uma influência de mercado, dada a possibilidade de uma gestão privada na oferta da formação, seja inicial ou continuada, propiciando a venda de cursos e certificações que não se comprometem com a necessária aquisição do conhecimento.

Esse breve apanhado sobre a formação continuada contribui para a localizarmos historicamente (sua origem, sua necessidade e seus objetivos) e para entender de que maneira ela se articula com o propósito desta pesquisa. Mas, não podemos deixar de destacar o interessante fato de que a docência seja uma das únicas (se não a única) profissões no Brasil com uma lei que determina a garantia de formações posteriores à graduação. Ou seja, reforça a ideia de que para exercer a docência não basta possuir apenas o diploma universitário, pois ele se mostra legalmente insuficiente.

Ademais, ainda que as formações continuadas tenham ganhado força no sentido de tentar robustecer e qualificar

---

10 Brasil, *Lei de Diretrizes e Bases da Educação Nacional. Lei n. 9.394, de 20 de dezembro de 1996*, Brasília, Senado Federal/Coordenação de Edições Técnicas, 1996.

a prática docente – além de entrar no lugar de reparação do fracasso escolar –, parecem não ser suficientes na preparação dos professores para enfrentarem os desafios do contexto educativo. Mais do que isso, não têm sido capazes de eliminar as queixas e mal-estares decorrentes da sensação de despreparo causado pelas constantes inovações em educação oferecidas, que entram no compasso de substituir "o velho pelo novo". A cada nova metodologia e/ou novas estratégias, introduzem-se novas trilhas formativas, descartando as metodologias até então empregadas na sala de aula. Nesse sentido, acrescentamos a ideia apresentada por Daniel Revah[11] de que o professor corre o risco de ser visto como um sujeito "em falta" e insuficiente quanto ao conhecimento necessário para exercer seu ofício e que precisa ser formado permanentemente. Ideia que parece alimentar a incessante oferta formativa. Ou seja, essa dinâmica entre oferta de formação e os professores que a recebem apenas reproduz uma ignorância, gerando inúmeras e incessantes proposições formativas.

Falcão, Lima e Maia Filho afirmam que é notório que os espaços formativos tenham como objetivo a introdução de novos métodos, de novas teorias de aprendizagem e de novas técnicas de ensino, compondo portanto "uma receita linear, muitas vezes ditada por modismos pedagógicos"[12]. Partindo dessa perspectiva, pode-se entender que a formação docente acaba por reduzir-se ao aprimoramento de novas metodologias de ensino, inovações nas ações e estratégias pedagógicas que convidem e motivem os alunos a se

---

[11] Daniel Revah, "O Docente 'em Falta' como Figura Cristalizada", *Estilos da Clínica*, vol. 22, n. 3, pp. 556-575, set.-dez. 2017.

[12] Rafaela de Oliveira Falcão, Maria Celina Peixoto Lima e Osterne Nonato Maia Filho, "Psicanálise e Formação de Professores: Estudo das Produções Científicas no Brasil", *Psicologia da Educação*, n. 47, p. 80, 2018.

interessarem pelas aulas e conteúdos, como se a garantia do sucesso escolar estivesse apenas na questão da aquisição e aprimoramento da técnica. Os professores, sujeitos participantes destes espaços formativos, vivem uma espécie de ilusão de que a partir da aquisição de novos conhecimentos da ciência pedagógica – o que também podemos nomear como conhecimentos técnico-científicos – seria possível garantir o sucesso da qualidade de ensino e aprendizagem e eliminar quaisquer dúvidas ou falta de conhecimento a respeito.

Esse breve apanhado nos leva a constatar que a formação docente, seja ela continuada ou inicial, ocupa um grande espaço na agenda pedagógica, papel que, segundo Voltolini[13], merece ser analisado e redimensionado.

Tal panorama ilustra algo bastante comum no campo da formação de professores: uma tendência a oferecer inovações científico-pedagógicas com o objetivo de atender aos supostos pedidos docentes por melhores formas de ensinar. Tendência que introduz constantemente novas e mais eficazes metodologias pedagógicas que, consequentemente, substituem as propostas anteriores, gerando uma também constante desqualificação do saber do professor. No recorte específico da educação inclusiva, reconhecemos que essa dinâmica em relação aos pedidos e à oferta de formação se repete.

Sabemos que as dificuldades enfrentadas pelos professores ao se depararem com as crianças que não aprendem, assim como com as deficiências e diferenças, são incontáveis. Segundo Bernard Pechberty[14], são desafios

---

13 Rinaldo Voltolini, *Psicanálise e Formação de Professores*.
14 Bernard Pechberty, "Qual a Inclusão Possível para a Deficiência e a Dificuldade de Ensinar? Uma Resposta Clínica e Psicanalítica", em Maria C. M. Kupfer, Maria Helena Souza Patto e Rinaldo Voltolini (orgs.), *Práticas Inclusivas em Escolas Transformadoras: Acolhendo o Aluno Sujeito*, São Paulo, Escuta/Fapesp, 2017, pp. 189-208.

que podem ser transformados em importantes avanços, desde que o trabalho docente seja respaldado. Nesse sentido, Eric Plaisance se pergunta: "Mas que consequências extrair do novo papel dos professores das classes comuns, quais novas formações se deve desenvolver?"[15]. Em outra publicação, o autor afirma que uma formação docente "verdadeiramente moderna" para a inclusão deveria desenvolver no professor a capacidade de reflexão autônoma, com vistas à autoavaliação das próprias práticas[16]. Somado a isso, acrescenta que os objetivos de tais formações deveriam abandonar o foco nas deficiências, a fim de afastar-se da perspectiva medicalizante. Acrescento ainda um ponto adicional: para afastar-se também da perspectiva prescritiva. Entretanto, parece que por mais que as propostas de formação busquem atender aos pedidos docentes e ao caráter moderno de formação, seguindo o que propõe Plaisance[17], restam queixas sobre a insuficiência do saber sobre como ensinar esses alunos.

Realizamos esse breve recorte sobre a relação entre formação de professores e educação inclusiva para sublinhar o fato de que as transformações específicas ocorridas em torno da educação inclusiva, assim como o pedido permanente por formação e as constantes queixas, não são exclusivas a este tema. Mas é deste ponto, que marca a desproporção entre o que pedem os professores e o que recebem como formação, que partiremos para ampliar o nosso estudo.

---

[15] Eric Plaisance, "'Não Estamos Preparados para Isso!' Educação Inclusiva e Formação de Professores", em Rinaldo Voltolini. *Psicanálise e Formação de Professores*, p. 111.

[16] Eric Plaisance, "Quais São as Práticas Inclusivas de Educação no Mundo Contemporâneo? Análises Críticas e Perspectivas de Ação", em Maria C. M. Kupfer, Maria Helena Souza Patto e Rinaldo Voltolini (orgs.), *Práticas Inclusivas em Escolas Transformadoras*, pp. 231-248.

[17] *Idem, ibidem.*

Dessa maneira, arriscamo-nos a estabelecer uma analogia para o que pretendemos discutir a respeito da queixa docente como aquela que insiste em permanecer como resto, apesar da oferta formativa. O propósito de investigar a queixa docente passa pela necessidade de olhar para as questões que circunscrevem o tema da formação docente pelo seu avesso: o lado não visto do tema; o reverso do que os campos da educação e da sociologia – vide autores como António Nóvoa[18], Maurice Tardif[19] e Bernard Charlot[20] – propõem. Apesar de estes autores realizarem reflexões críticas acerca das teorias prescritivas e *cientificistas* da formação docente – uma vez que deixam de fora a dimensão do sujeito do inconsciente e baseiam-se no controle racional do planejamento e do comportamento[21] –, propondo ideias como a do professor reflexivo e valorizando a relação com o saber, eles buscam em suas discussões favorecer a formação no sentido do esclarecimento[22], ou seja, da tomada de consciência pela via da reflexão (para, a partir dela, extrair conclusões e definir condutas de ação).

Essa perspectiva que favorece o esclarecimento parece convergir com um dos princípios da perspectiva psicanalítica, visto que considera o sujeito como tendo um papel

---

18 António Nóvoa, "Firmar a Posição como Professor, Afirmar a Profissão Docente", *Cadernos de Pesquisa*, vol. 47, n. 166, pp. 1106-1133, out.-dez. 2017.

19 Maurice Tardif, *O Trabalho Docente. Elementos para uma Teoria da Docência como Profissão de Interações Humanas*, Petrópolis, Vozes, 2005; *Saberes Docentes e Formação Profissional*, Petrópolis, Vozes, 2014.

20 Bernard Charlot, *Relação com o Saber, Formação de Professores e Globalização: Questões para Educação Hoje*, Porto Alegre, Artmed, 2005.

21 Perrenoud utiliza o termo *utopia racionalista* [Philippe Perrenoud, "O Trabalho sobre o *Habitus* na Formação de Professores: Análise das Práticas de Tomada de Consciência", em Léopold Paquay *et al.* (orgs.), *Formando Professores Profissionais: Quais Estratégias? Quais Competências?*, Porto Alegre, Artmed, 2008, pp. 161-184].

22 Marise Bartolozzi Bastos, "Sobre a Escuta de Professores na Formação Docente".

fundamental na constituição do processo educativo. Entretanto, tal proposta também esbarra em alguns limites, pois se distancia da psicanálise no que diz respeito à noção de sujeito[23]. Ainda que Perrenoud traga uma importante contribuição para o tema da formação docente ao utilizar-se do conceito de *habitus*[24], inicialmente trabalhado por Pierre Bourdieu, e propor o exercício reflexivo da tomada de consciência, ele recai sobre a ideia de competências e de ideais a serem alcançados pelo professor (ou seja, acaba por recolocar em cena a lógica do rendimento). Embora essa proposição leve em conta a práxis docente da sala de aula como matéria-prima para a reflexão, acaba por deixar de fora uma dimensão que abre espaço para que a perspectiva da psicanálise e educação entre na discussão: a dimensão do saber e do desejo inconsciente do professor-sujeito. É por essa via que a psicanálise parece trazer suas relevantes contribuições para esta pesquisa, ao recolocar na cena educativa a noção de sujeito, ao considerar que para além do saber do conhecimento está o saber (e o desejo) inconsciente do professor.

Portanto, partir da leitura sobre o outro lado do tema da formação docente pode abrir possibilidades para se discutir os moldes da formação de professores a fim de compreender algo que flutua na relação entre o pedido por

---

23 Para a psicanálise, a noção de sujeito refere-se ao sujeito do inconsciente, sujeito barrado ($), entendendo-o como efeito das relações discursivas, portanto, da linguagem, enquanto, para os autores citados, o que está em jogo é a noção de sujeito que se aproxima da Psicologia e que teria o domínio de todas as ações e comportamentos. Retomaremos e aprofundaremos essa questão no capítulo 3.

24 Nessa proposta formativa, Perrenoud considera a dimensão do inconsciente enquanto funcionamento psíquico e propõe uma teoria formativa que justaponha as instâncias da consciência e do inconsciente, embora ele se paute no que ele mesmo denominou como "inconsciente prático, segundo a fórmula de Piaget" (Philippe Perrenoud, "O Trabalho sobre o *Habitus* na Formação de Professores", p. 161).

formação *versus* oferta de formação: uma queixa docente que enuncia o caráter insuficiente da própria formação.

Voltolini traz um destaque importante sobre essa relação: "Será justamente mostrando a falta de proporção – e não é o mesmo que desproporção – presente em toda e qualquer relação educativa que a psicanálise traz o que é, provavelmente, sua contribuição mais importante ao campo pedagógico"[25]. Isso nos leva a dizer que desta equação que não fecha – entre a demanda dos professores e a oferta formativa que recebem – resta uma queixa permanente e aparentemente inesgotável.

Sobre a presença de conceitos psicanalíticos como operadores de leitura, Miriam Rosa[26] coloca em pauta que a característica fundamental de uma pesquisa psicanalítica nos direciona mais diretamente à maneira como formulamos as questões investigativas do que ao tema propriamente dito. Citando Althusser, a autora reforça que, nesse contexto de pesquisa, seria função da psicanálise esclarecer algumas possíveis adversidades e articulações entre *sujeito* e *sociedade*. Desse modo, na tentativa de articular estes dois significantes, encaminhamos a discussão a partir da seguinte pergunta norteadora: Por que, apesar da extensa oferta formativa, algo da ordem da insuficiência permanece em forma de queixa dos professores? Essa questão revela-se como um importante e decisivo desdobramento da pergunta preliminar que disparou esta investigação.

O desdobramento da pergunta inicial em outras não ocorre por acaso. Nas entrelinhas, ele revela existir algo no

---

[25] Rinaldo Voltolini, *Psicanálise e Formação de Professores*, p. 28.
[26] Miriam D. Rosa, "A Pesquisa Psicanalítica dos Fenômenos Sociais e Políticos: Metodologia e Fundamentação Teórica", *Revista Mal-Estar e Subjetividade*, vol. IV, n. 2, pp. 329-348, 2004.

pedido dos professores – que, a partir de agora, chamaremos de queixa docente – que não é integralmente atendido pela oferta formativa.

Voltolini colabora para a ampliação da pergunta disparadora deste trabalho, ao afirmar que "[...] o que a especificidade da reforma da educação inclusiva trouxe para a questão da formação de professores não diz respeito apenas ao específico da educação inclusiva"[27]. Em outras palavras, talvez seja possível arriscar a hipótese de que, no que tange às questões da formação de professores, a reforma proposta pela educação inclusiva apenas joga os holofotes nas questões de ordem estrutural da formação docente de maneira mais ampla. E será partindo desse pressuposto que nos enveredaremos em nossa investigação.

Isso nos faz pensar que responder a essas questões apenas pela via do discurso sociológico não é suficiente, pois ele não trata da queixa que insiste em permanecer. Tanto o discurso sociológico quanto o pedagógico entendem que a demanda docente pede por (in)formações. Nesta linha, a resposta ao pedido é a oferta de cursos que visam atender à suposta demanda que lhes é dirigida. Entretanto, além de esse discurso atender à demanda na ordem da necessidade (ao oferecer a formação como objeto de satisfação[28]), parece não discutir a insistência das queixas que, ao final de muitas formações, permanecem.

Dada a insuficiência do discurso sociológico para dar conta da compreensão da queixa docente que resta, a entrada do discurso da psicanálise nessa discussão se faz necessária para irmos a fundo no entendimento da insistência da queixa docente e seu significado dentro

---

[27] Rinaldo Voltolini, *Psicanálise e Formação de Professores*, p. 47.
[28] Estes conceitos serão desenvolvidos no capítulo 5.

do contexto de formação de professores. Podemos levar em consideração o que propôs Lacan[29] sobre o discurso do capitalista, como sendo uma quinta estrutura do laço social – ainda que não seja considerado propriamente um discurso, pois não cria laço social – a fim de realizar uma leitura possível sobre a queixa docente. Dado que, para Lacan, todo discurso é um aparelho de gozo – ou seja, através do laço estabelecido entre o agente e o outro efetiva-se de alguma forma o que é da ordem do desejo –, podemos supor que a estrutura discursiva estabelecida entre programas formativos e professores agencia uma oferta de "objetos feitos à medida de cada um, como se fosse do 'desejo' de cada sujeito"[30]. Nesse sentido, podemos aventar que do mesmo modo que a demanda dos professores é considerada o ponto de partida para a oferta formativa, também é vista como o efeito dessa engrenagem que, ainda segundo Revah, produz semblantes de "encaixes perfeitos"[31], mas que na realidade não se encaixam jamais, sustentando, portanto, a dinâmica perene das problemáticas decorrentes da formação docente.

Levantamos a suposição de que os modelos de formação pautam-se na oferta de conhecimentos – e não no saber do inconsciente[32], que é justamente o que nos interessa nesta pesquisa. Nesse descompasso, ou desproporção, resta uma queixa que denuncia o caráter insuficiente das formações. Buscando reparar o fracasso do processo ensino-aprendizagem, as formações não cessam de

---

29 Jacques Lacan, *O Seminário*, Livro 20: *Mais, Ainda* [1972-1973], 2. ed., Rio de Janeiro, Jorge Zahar, 2008.
30 Daniel Revah, "O Docente 'em Falta' como Figura Cristalizada", p. 568.
31 *Idem, ibidem.*
32 Aprofundaremos a distinção para a psicanálise entre saber inconsciente e saber do conhecimento no capítulo 5.

produzir uma espécie de "ignorância" permanente da profissionalização docente.

Tentaremos introduzir algumas linhas que rodeiam o tema central desta pesquisa. Diversos pesquisadores vêm se debruçando sobre o tema da formação de professores, buscando ora defender a importância das formações com a finalidade de qualificar cada vez mais as práticas pedagógicas, ora discutir a real validade das mesmas no ofício da prática, uma vez que o adoecimento dos professores – ou o mal-estar docente – vem aumentando consideravelmente, ao passo que as inovações, sejam técnicas, sejam tecnológicas, em educação vêm adentrando o universo pedagógico, pautadas na racionalidade técnica e neoliberal[33].

No campo das publicações, constatamos um percentual significativo de trabalhos realizados no âmbito brasileiro sobre a temática geral da formação de professores. Do tema geral, encontramos teses, artigos e publicações que versam sobre alguma variante da questão. Embora entre as abordagens tenham sido verificadas diferentes áreas do conhecimento – a sociologia, filosofia, psicologia, gestão e educação –, todas as publicações estabelecem relação com o assunto em questão.

Estudos recentes sobre os processos de formação docente têm destacado a importância da formação dos formadores como elemento fundamental para a melhoria da preparação e atuação de futuros professores. Com essa perspectiva, pesquisas sobre saberes docentes têm trazido contribuições importantes à compreensão e ao aprimoramento dos processos formativos.

---

[33] A ideologia neoliberal e sua implicação na formação de professores será abordada no capítulo 4.

Para iniciar, apresentamos a pesquisa de Caio Augusto Alves[34], que investigou os saberes docentes construídos dentro das escolas da rede pública no período de trinta anos delimitado entre 1980-2010, pautando-se na constante renovação de medidas, entre as quais destacou a progressão continuada e o ensino fundamental de nove anos, entre outros que, sob sua hipótese, são transformações que geram efeitos significativos no trabalho dos professores. O autor esbarra em pontos importantes, entre os quais destaca-se aquele que afirma que o saber docente diz respeito ao momento atual da sociedade brasileira, uma vez que veementemente baseia-se nas perspectivas políticas e ideológicas predominantes.

O trabalho supracitado nos traz um dado relevante sobre o saber docente: o saber valorizado pelo discurso pedagógico (e fomentado pelo Estado, a instância pública que promove – ou controla – em sua grande maioria e abrangência as formações continuadas) é um saber circunstancial, diretamente relacionado com as diretrizes ideológicas em voga no momento. Este dado nos é valioso para discutir uma peculiaridade das formações docentes que, invariavelmente, gera o descarte de saberes, como se o que fora apreendido até o momento vigente tivesse passado do prazo de validade.

Refinando um pouco mais a busca, destacam-se trabalhos que utilizaram a perspectiva da Psicanálise e Educação por trazerem referenciais teóricos significativos para tematizar e argumentar com os dados da presente pesquisa.

---

34 Caio Augusto Carvalho Alves, *Os Saberes Profissionais dos Professores: Formações, Carreiras e Experiências nas Reformas da Rede Pública de Ensino do Estado de São Paulo (1980-2010)*, São Paulo, Faculdade de Educação, Universidade de São Paulo, 2016 (Tese de Doutorado em Educação).

A partir da abordagem da psicanálise e educação, encontramos a tese de Carmen Lucia Alves[35], que buscou discutir a relação entre os cursos de formação e o mal-estar docente, sintoma que vem ocupando com cada vez mais veemência o campo educativo, especificamente dentro da atuação dos professores. Partindo da hipótese de que a formação docente é um sintoma contemporâneo, a pesquisadora buscou compreender as características desses cursos, encontrando, contudo, um caráter que segue os paradigmas compensatórios e reparatórios daquilo que falha na formação inicial docente. Tomando como referências teóricas autores da sociologia da educação para compreender as finalidades e as questões colocadas sobre as formações docentes, bem como referenciais psicanalíticos lacanianos para discutir e analisar o avesso de tais determinações, a autora chega a um impasse colocado pela própria lógica das formações: a transmissão de informações com a promessa de trazer novidades para a prática docente que devem ser implementadas e que, entretanto, não se concretizam. Contudo, parece que esse "encontro" entre as informações e a realidade da prática educativa não acontece sem deixar sobras representadas pelo mal-estar docente. Ou seja, na impossibilidade de realizar (ou praticar) a docência idealizada, com soluções perfeitas que valeriam para todos os professores e alunos[36], resta ao professor sofrer com aquilo que não se encaixa na jornada escolar, com aquilo que não se adequa ao que lhe foi ensinado.

Dessa maneira, a tese de Carmen Lucia Alves deixa uma brecha para a presente pesquisa ao tocar na questão

---

35 Carmen Lucia Rodrigues Alves, *A Formação Docente na Contemporaneidade: Do Sintoma à Possibilidade*, São Paulo, Faculdade de Educação, Universidade de São Paulo, 2018 (Tese de Doutorado em Educação).
36 *Idem*, p. 23.

do mal-estar docente e se aproximar daquilo que nos interessa: a queixa docente e o que ela nos diz sobre o sofrimento, sintoma que revela a relação entre as formações e o que deseja o professor.

Também a partir de referenciais psicanalíticos, Aline Montanheiro, em sua dissertação de mestrado, buscou situar as formações continuadas no contexto histórico da instituição escolar até a atualidade, bem como compreender as possíveis e diferentes relações que os docentes atribuem e estabelecem com os cursos de formação continuada dos quais participam. Partindo da hipótese de que "a educação escolar hoje, sobretudo, o campo da formação docente, esteja permeada pela lógica econômico-utilitarista de produtividade e eficiência, que, cada vez mais, expulsa o sujeito do desejo e evita seu aparecimento"[37], ou seja, à melhoria da qualidade da educação, a partir de referenciais sociológicos[38] e psicanalíticos[39], a pesquisadora lançou-se nessa investigação a fim de levantar os possíveis sentidos atribuídos aos cursos oferecidos na formação continuada. De maneira significativa, sua pesquisa revela que, mais do que alçar os professores a novos saberes e técnicas inovadoras para transformar as práticas pedagógicas, os cursos acabam sendo situados de maneira particular por cada professor,

---

[37] Aline Gasparini Montanheiro, *Sentidos dos Cursos de Formação Continuada para Professores: Uma Saída Psicanalítica*, São Paulo, Faculdade de Educação, Universidade de São Paulo, 2015 (Dissertação de Mestrado em Educação).

[38] Maurice Tardif, *Saberes Docentes e Formação Profissional*.

[39] Sigmund Freud, "Sobre o Narcisismo: Uma Introdução" [1914], *A História do Movimento Psicanalítico*, Rio de Janeiro, Imago, 1996 (Edição Standard Brasileira das Obras Psicológicas Completas, xiv); "Análise Terminável e Interminável" [1937], *Moisés e o Monoteísmo*, Rio de Janeiro, Imago, 1996 (Edição Standard Brasileira das Obras Psicológicas Completas, xxiii). Cf. também psicanalistas contemporâneos, como Leandro de Lajonquière ("A Palavra e as Condições da Educação Escolar", *Educação & Realidade*, vol. 38, n. 2, 2013 e Rinaldo Voltolini, *Educação e Psicanálise*, Rio de Janeiro, Zahar, 2011).

ou seja, os sentidos atribuídos encontram-se mais "atrelados à singularidade do sujeito – isto é, à sua condição de sujeito ao desejo do inconsciente – do que às ferramentas trabalhadas nos cursos"[40] propriamente ditos.

De forma interessante, a pesquisa de Montanheiro, também se debruça sobre a relação existente entre a demanda docente e a oferta das formações sem, contudo, trabalhar a questão do mal-estar e/ou do sofrimento dos professores. Entretanto, ela afirma que, ao contrário do que se pretende, as formações não alcançam a hegemonia dos saberes, ou seja, ao invés de construir novos saberes dos quais todos os professores possam lançar mão em suas práticas pedagógicas, elas apenas tornam-se significativas ou agregam valor aos conhecimentos anteriormente construídos quando atreladas à historicidade social e singular de cada professor individualmente. Essa constatação nos apresenta um dado relevante, pois coloca luz sobre o fato de que as formações docentes encontram falhas em suas finalidades, porquanto, levando em conta a historicidade singular, é necessário considerar cada professor como sujeito. Sujeito do inconsciente.

Apesar de haver proximidades entre os objetivos da presente pesquisa e as publicações supracitadas, diferentemente do que essas duas últimas propõem, temos como objetivo central discutir a questão da formação de professores à luz da queixa docente, que passaremos a identificar como um possível resto – no sentido daquilo que sobra – da relação mal equacionada entre a oferta de formações e a demanda dos professores. Utilizaremos referenciais psicanalíticos da teoria lacaniana para delimitar as noções de

---

[40] Aline Gasparini Montanheiro, *Sentidos dos Cursos de Formação Continuada para Professores*, p. 12.

demanda e desejo a fim de compreender o deslocamento da queixa, que parece endereçar-se de maneira equívoca.

Pesquisa em psicanálise ou pesquisa com o método psicanalítico?

Sabemos que existem controvérsias a respeito da utilização da psicanálise em extensão ou "extramuros" do *setting* analítico, questões que perpassam a via da ética e de concepções próprias da prática psicanalítica, que dizem respeito ao método (uma vez que Freud não propôs um método unívoco para a análise de todos os casos) e à aplicação e à generalização de concepções teóricas externas ao campo na qual foram elaboradas inicialmente, o campo clínico e individual, "realizada fora do enquadre cênico que a legitima e fora do momento oportuno, o tempo que escande as sessões"[41]. Lembremos que, para Freud, além de ser entendida como um método de investigação do inconsciente e como uma teoria de tratamento, a psicanálise também deveria ser compreendida como uma concepção teórica capaz de sistematizar os modos de funcionamento dos sujeitos e das relações humanas. Baseados no texto de 1921, *Psicologia de Grupo e Análise do Ego*, especificamente no capítulo VII, "Identificação", buscamos nos pautar na forma como Freud articulou a identificação – um fenômeno considerado individual – ao funcionamento do sujeito

---

41 Miriam D. Rosa, "A Pesquisa Psicanalítica dos Fenômenos Sociais e Políticos", p. 332.

nos grupos sociais. Ainda nesse capítulo, Freud discorre sobre a ideia de sintoma compartilhado que "pode surgir com qualquer nova percepção de uma qualidade comum partilhada com alguma outra pessoa que não é objeto de instinto sexual"[42], que, em outras palavras, poderia ser entendido como o predecessor do sintoma social. Para Freud, esse laço identificatório estaria baseado em uma importante qualidade emocional, que poderia tanto estar relacionada aos modos particulares de laço com o líder quanto ao processo de empatia. Christian Dunker traduz a ideia do sofrimento ao afirmar que ela "é sempre transitivista"[43], isto é, contagiosa. Segundo Rosa, essa ideia "refere-se a construções de ideias que articulam narcisismo e sociedade e referências que articulam o sujeito no laço social, inserindo-o em todos os âmbitos da cena social"[44].

Dada a colocação freudiana, reconhecemos que há tempos o campo psicanalítico vem se debruçando sobre temas ligados à cultura e à constituição do sujeito e sua relação com o social, na tentativa de compreender as formas de enredamento do individual com o coletivo. A despeito desse específico interesse freudiano, os fundamentos metodológicos e éticos da psicanálise visavam – e permanecem disponibilizando-se a – transcender a limitada compreensão que se tem da dicotomia indivíduo-sociedade, como se fossem um binômio de exclusiva e mútua consequência. A esse respeito, Miriam Rosa e Eliane Domingues nos alertam fundamentalmente ao nos lembrar que:

---

42 Sigmund Freud, *Psicologia de Grupo e a Análise do Ego* [1921], Rio de Janeiro, Imago, 1996 (Edição Standard Brasileira das Obras Psicológicas Completas, XVIII), p. 117.
43 Christian Dunker, *Mal-Estar, Sofrimento e Sintoma*, São Paulo, Boitempo, 2015.
44 Miriam D. Rosa, "A Pesquisa Psicanalítica dos Fenômenos Sociais e Políticos", p. 333.

"o sujeito do inconsciente não é intrapsíquico, bem adjetivado por características X ou Y [...] é constituído a partir do desejo do Outro, recriado a cada relação com o outro, e depende da modalidade de laço social"[45]. Ou seja, a dimensão social tem suas implicações na constituição do sujeito, mas não é exclusiva em sua determinação, dado que só há sujeito a partir do desejo do Outro e da significação que esse Outro oferece ao sujeito em uma relação discursiva.

Portanto, apoiados no fato de que Freud foi o primeiro a lançar a possibilidade de uma psicanálise em extensão, quando fez uso da análise de fenômenos sociais e coletivos para compreender processos individuais, e seguindo alguns dos pressupostos lacanianos acerca do discurso – aquilo que estabelece o laço social –, buscamos sustentar a possibilidade de tomar a pesquisa com o método psicanalítico como um dispositivo metodológico para desenvolver o propósito desta investigação.

Nesse sentido, se o método para alcançar a mensagem do sujeito se utiliza da palavra como via de acesso, podemos supor que o emprego de entrevistas como instrumento para coleta de dados em pesquisas em psicanálise é um meio possível de acesso ao sujeito do inconsciente. Quanto a isso, contamos com Rosa e Domingues[46] e Luciano Elia[47], que defendem a escuta psicanalítica no contexto de entrevistas na coleta de dados para pesquisas, desde que se sustentem os pressupostos fundamentais da psicanálise:

---

[45] Miriam D. Rosa e Eliane Domingues, "O Método na Pesquisa Psicanalítica de Fenômenos Sociais e Políticos: A Utilização da Entrevista e da Observação", *Psicologia & Sociedade*, vol. 22, n. 1, p. 183, 2010.

[46] *Idem, ibidem.*

[47] Luciano Elia, "Psicanálise: Clínica e Pesquisa", em Sonia Alberti e Luciano Elia (orgs.), *Clínica e Pesquisa em Psicanálise*, Rio de Janeiro, Rios Ambiciosos, 2000, pp. 19-35.

> Toda pesquisa em psicanálise é clínica porque, radical e estruturalmente, implica que o pesquisador-analista empreenda sua pesquisa a partir do lugar definido no dispositivo analítico enquanto o lugar do analista, lugar de escuta e sobretudo de causa para o sujeito, o que pressupõe o ato analítico e o desejo do analista[48].

A fim de alcançar nosso objetivo central, discutir a questão da queixa docente à luz da formação de professores, não foi possível furtar-nos de entrevistar professoras e professores e escutá-los desde a percepção que têm de seus lugares enquanto docentes, assim como os lugares discursivos em que a lógica das formações os posiciona.

Nesse contexto, a escuta de professores permite que cada um dos sujeitos entrevistados possa se perceber implicado naquilo que poderia ser visto como um problema exclusivo da oferta formativa a respeito do qual ele só podia lamentar, queixando-se da falta de recursos e da insuficiência formativa. Como aporte para esta pesquisa, a psicanálise traz suas contribuições fundantes, como nos apontam Odana Palhares e Marise Bastos, pois "parte do pressuposto de que falar com alguém também é, para aquele que fala, um momento para escutar-se, posto que aquilo que é dito interpela o falante no seu fazer e no seu desejo"[49]. Nesse sentido, supõe-se que por meio da escuta de suas próprias palavras o sujeito pode refletir e questionar-se sobre sua implicação em seu próprio percurso formativo.

Desse modo, o presente estudo contou com a participação de dez professoras e professores que se dispuseram

---

[48] *Idem*, p. 23.
[49] Odana Palhares e Marise Bartolozzi Bastos, "Duas Notas sobre a Formação de Professores na Perspectiva Psicanalítica", *Estilos da Clínica*, vol. 22, n. 2, p. 259, maio-ago. 2017.

a contar suas experiências formativas. Decerto, a trajetória de cada uma e cada um colaborou solidamente para essa produção.

A sistematização deste estudo está disposta em cinco capítulos. No capítulo 1, discorreremos a respeito do percurso formativo do professor. Buscaremos apresentar o histórico da constituição do papel do professor e localizar as implicações que o campo da formação de professores teve (e continua tendo) na posição social reservada aos docentes na atualidade. Dessas implicações levantaremos problematizações sobre a desqualificação do saber docente em vista das permanentes renovações propositivas nas formações que se aliam às sempre "novas" exigências e competências para sua atuação. Nessa esteira, tocaremos na sensível questão do lugar do professor enquanto profissional e proletário, partindo da hipótese de que a posição discursiva do professor como proletário o coloca em um lugar desprovido de saber.

O capítulo 2 terá como objetivo construir algumas aproximações entre a noção de sujeito para a psicanálise, sua constituição em direção ao Outro primordial e a posição dos professores no campo da formação continuada, instância que ocupa o lugar da supremacia e da garantia das ofertas formativas. Partindo da suposição de que parece ocorrer uma espécie de identificação dos modelos formativos com o lugar do grande Outro, teceremos algumas discussões a fim de problematizar a posição ocupada pelas formações enquanto detentoras do saber absoluto, que julgam possível detectar os problemas da educação e oferecer as (melhores) soluções para resolvê-los.

Este ponto nos permitirá discutir uma questão que atravessa a lógica social e gera efeitos significativos na formação de professores. Desse modo, o capítulo 3 versará sobre a ideologia neoliberal, seus impactos nas relações sociais e, consequentemente, na educação e na formação de professores. Tomaremos o debate proposto por Jacques-Alain Miller e Jean-Claude Milner[50] sobre o paradigma social problema-solução, que também incide sobre a dinâmica dos cursos de formação. Buscaremos traçar algumas hipóteses a respeito da equação que se forma entre a suposta demanda docente e a oferta formativa, dado que a noção de demanda muitas vezes é tomada no sentido econômico do termo demanda/oferta; ou seja, a demanda é entendida como aquilo que o sujeito requisita conscientemente. Pretendemos, a partir dessa problematização, situar os lugares sociais ocupados pelos professores no discurso psicopedagógico hegemônico para localizar e compreender as queixas dos professores em direção aos modelos de formação oferecidos. Pautados nos conceitos psicanalíticos, pretendemos introduzir e discutir a ideia de que a formação de professores acaba ocupando um lugar de "resolução de problemas". Em outras palavras, ela ocupa o lugar de solucionar o fracasso das ações pedagógicas, assumindo uma natureza reparatória, o que pode levar o professor a queixar-se em relação ao caráter insatisfatório das formações.

O capítulo 4 abordará a questão central deste estudo: a queixa dos professores. Para tanto, faremos uma introdução a alguns conceitos psicanalíticos, como demanda, necessidade e desejo, que contribuirão como operadores de leitura para a compreensão da queixa dos professores e o que ela denuncia. Partindo do caráter dos modelos formativos, que se pautam na racionalidade técnica, na informação e na

---

[50] Jacques-Alain Miller e Jean-Claude Milner, *Você Quer Mesmo Ser Avaliado? Entrevistas sobre uma Máquina de Impostura*, Barueri, Manole, 2006.

eficácia, buscaremos discutir em que medida o discurso da ciência, presente neste contexto, deixa de fora a dimensão do sujeito do inconsciente ao colocar como cerne da capacitação a técnica e a prescrição em detrimento da voz e da experiência do professor. Dado esse modelo dominante de formação, tentaremos levantar possíveis saídas formativas que coloquem em cena o sujeito do inconsciente por meio da escuta clínica. Entendemos que, ao falar sobre o seu fazer educativo num contexto em que a escuta opera como dispositivo, o sujeito tem a chance de implicar-se subjetivamente com o seu dizer e com o seu ato.

Por fim, o quinto e último capítulo propõe uma costura das questões discutidas ao longo deste estudo sem, no entanto, ter o intuito de encerrar a discussão. Pelo contrário: busca sua propagação em múltiplos – e necessários – novos territórios de pesquisa.

1 Formação de Professores: Configurando um Campo

> *"O discurso pedagógico é mistificador na medida em que ele fala de tudo, menos uma coisa: que a educação leva a um emprego e que ela leva a uma divisão social do trabalho."*
>
> **Bernard Charlot**

Segundo António Nóvoa[1], o tema formação de professores vem se desenvolvendo consideravelmente nos últimos cinquenta e cinco anos, gerando uma ampliação de produções científicas praticamente impossível de se contabilizar.

Em vista desse contexto, neste capítulo, buscaremos traçar um breve histórico do papel do professor – das origens da sua função às especificidades contemporâneas – com o objetivo de demarcar, ao longo desse percurso, traços que revelam as vicissitudes dos caminhos formativos. Sabe-se que abordar o tema da formação de professores na atualidade pode remeter-nos a diversos pontos que reverberam: de qual formação estamos falando? Inicial ou continuada? Qual é o caráter das formações e seus fundamentos?

---

[1] António Nóvoa, "Firmar a Posição como Professor, Afirmar a Profissão Docente".

Em quais concepções teórico-metodológicas baseiam-se os cursos de formação de professores na contemporaneidade e a qual(ais) demanda(s) buscam atender? Questões, como muitas outras, imprescindíveis quando se decide discorrer sobre essa temática.

Partindo da seguinte pergunta posta por Rinaldo Voltolini: "Como fazer com que essas formações não se constituam apenas num reforçamento da posição ideológica de um específico momento histórico baseado em ofertas e conteúdos distantes e/ou alheios às demandas formuladas pelos professores desde interior de seu ofício?"[2], abordaremos algumas questões implicadas pelo advento do discurso tecnocrático no campo educativo e seus possíveis efeitos no saber docente, na tentativa de problematizar a abundante oferta de formações com caráter de aperfeiçoamento, garantidas ora pelo Estado, ora pelas iniciativas privadas. Por fim, teceremos algumas problematizações acerca da persistente desvalorização do saber docente na contemporaneidade.

Formação de professores no Brasil: um breve histórico

É notório que o processo de formação pessoal pode perdurar toda uma vida. Todo ser humano tem a possibilidade de aprender, e o avanço de seu desenvolvimento e de suas

---

[2] Rinaldo Voltolini, "Formação de Professores e Psicanálise", em Maria C. M. Kupfer, Maria Helena Souza Patto e Rinaldo Voltolini (orgs.), *Práticas Inclusivas em Escolas Transformadoras*, p. 172.

aprendizagens ocorre a partir das relações e das interações provenientes dos diversos ambientes e contextos socioculturais aos quais pertence. Isso nos diz que aprender é mais do que receber informações e adquirir conteúdos.

No entanto, quando abordamos o tema formação de professores, estamos tocando em formatos ou processos de aprendizagem baseados em dimensões teóricas, epistemológicas, sociais, filosóficas e políticas. O tema específico constitui um terreno que se inicia na formação inicial e segue perene por meio das formações continuadas, sejam elas em serviço[3] ou não. Ademais, vale ressaltar que não existe professor sem aluno, nem aluno sem professor. Professor é um profissional que, salvo raras exceções, exercita seu ofício em locais específicos, como a escola e a universidade. Segundo Maria Isabel da Cunha, professor caracteriza-se enquanto tal no contexto de uma "instituição cultural e humana", que recebe e é influenciada por valores e ambições de uma determinada sociedade em um determinado tempo histórico[4].

A formação de professores no Brasil é produto de conflitos e sobreposições de diferentes abordagens de pensamento e perspectivas teóricas sobre educação, pedagogia e escola. Esse cenário levou a resultados interessantes do

---

[3] De acordo com Paulo César Geglio, formação em serviço é a "modalidade de formação como sendo aquela que ocorre no próprio local de trabalho desse profissional (o professor), ou seja, na escola [...] refiro-me a ela como um meio contínuo e consequente para a formação continuada de professores" ("O Papel do Coordenador Pedagógico na Formação do Professor em Serviço", em Vera Maria Nigro de Souza Placco e Laurinda Ramalho de Almeida (orgs.), *O Coordenador Pedagógico e o Cotidiano da Escola*, São Paulo, Loyola, 2003, p. 113). Para ter acesso a mais informações sobre esse conceito, ver *idem*, pp. 113-119.

[4] Maria Isabel da Cunha, "O Tema da Formação de Professores: Trajetórias e Tendências do Campo na Pesquisa e na Ação", *Educação e Pesquisa*, n. 3, pp. 609-625, jul.-set. 2013.

ponto de vista das problematizações sobre a docência e sua formação, entre eles, a necessidade de adequação dos professores à cultura e aos modelos socioeconômico e escolar.

Contudo, o modelo escolar tal qual se conhece na atualidade vem se consolidando, em grande parte do mundo, desde meados do século XIX, organizando-se nos moldes que se conhece hoje. A escola é um cenário bastante particular, baseado num espaço cujo núcleo estruturante é a sala de aula[5], composta por turmas de alunos supostamente homogêneos (seja por faixa etária ou nível de aprendizado regularizado por avaliações) e organizada com base em um currículo, em cujo centro encontram-se os alunos e os professores, estes os "responsáveis pela disciplina escolar, no duplo sentido do termo: ensinam as disciplinas, as matérias do programa, em aulas dadas simultaneamente a todos os alunos; e asseguram a disciplina, as regras de comportamento e de conduta dos alunos"[6].

No entanto, o papel do professor tal como descreve António Nóvoa não nasce apenas nesse período, e sim em um cenário bem mais antigo. No caso do Brasil, surge no período colonial. Na época, a organização social da Colônia não se valia de pessoas letradas e cultas, mas de uma numerosa massa popular iletrada e submissa. Nesse contexto, a educação humanística empreendida tinha como objetivos recrutar fiéis e servidores através da catequese, garantindo a conversão da cultura original indígena à fé e cultura cristã/ocidental. Falar de escolarização no Brasil colonial é levar em conta as rigorosas missões educativas dos jesuítas (que podem ser entendidos como os professores da época)

---

[5] António Nóvoa, "Os Professores e a sua Formação num Tempo de Metamorfose da Escola", *Educação & Realidade*, vol. 44, n. 3, e84910, 2019.
[6] *Idem*, p. 3.

ocorridas entre 1549 e 1759, cujo principal objetivo era o da doutrinação.

O Marquês de Pombal, administrador de Portugal à época, gerou uma série de reformas educacionais que repercutiram no Brasil ainda na primeira metade do século XVIII. Entre elas, a implantação das Aulas Régias e a retirada do poder educacional da Igreja, passando-o para as mãos do Estado, criando portanto um ensino pelo e para o Estado. Essa reforma foi a primeira tentativa de instaurar um ensino público e estatal. Essa passagem (ou destituição) do poder eclesial para o estatal marca a nova submissão da classe professoral. Nóvoa afirma que "os professores são a voz dos novos dispositivos de escolarização e, por isso, o Estado não hesitou em criar as condições para a sua profissionalização"[7]. Segundo Maurice Tardif[8], os professores, que até o século XIX se submetiam às imposições da Igreja, a partir de então passaram a se submeter ao poder do Estado.

No entanto, Marçal-Ribeiro destaca que, mesmo depois da expulsão dos jesuítas, em 1759, o contexto educacional não sofreu grandes mudanças, mantendo o formato do "ensino enciclopédico, com objetivos literários e com métodos pedagógicos autoritários"[9]. Apesar de estar sob o poder do Estado, o modelo educativo manteve o mesmo perfil de professores que lecionavam nos antigos colégios jesuítas. A mudança, portanto, evidencia-se apenas quanto ao tipo de poder ao qual os professores eram submetidos. No dito período Joanino – momento que contou com a

---

[7] António Nóvoa, "Formação de Professores e Profissão Docente", em António Nóvoa (coord.), *Os Professores e a sua Formação*, Lisboa, Dom Quixote, 1992, p. 2.

[8] Maurice Tardif, *Saberes Docentes e Formação Profissional*.

[9] P. R. Marçal-Ribeiro, "História da Educação Escolar no Brasil: Notas para uma Reflexão", *Paideia*, vol. 4, p. 16, fev.-jul. 1993.

presença de D. João VI no Brasil, entre 1808 e 1821 – algumas mudanças foram notadas no contexto educacional, entre elas a criação do ensino superior não teológico, que revelava, de maneira sutil, as intenções aristocráticas da corte brasileira de valorizar o ensino superior devido à necessidade de preencher quadros administrativos no país.

Partindo deste marco histórico brasileiro, pautamo-nos no que Demeral Saviani[10] destacou como os seis períodos da formação de professores no Brasil, que abrangem desde meados da época do Império, em 1827, até a Nova República, culminando no ano de 2006. Esse breve apanhado serve como importante referência para a compreensão sobre a constituição do papel do professor ao longo da história.

Segundo Saviani, o primeiro período (1827-1890) consiste nas diversas tentativas de organizar as instituições educacionais sob o controle do poder público e, consequentemente, sob a responsabilidade do governo imperial. De acordo com o autor, é somente a partir desse período que uma preocupação manifesta sobre a formação de professores começa a emergir. Em 1834, com a proclamação do Ato Adicional, houve a descentralização da responsabilidade educacional: às províncias coube o direito de legislar e controlar o ensino primário e médio sob a normativa das Escolas Normais[11], enquanto ao poder central reservou-se a exclusividade de prover e regulamentar o ensino superior. Entretanto, a aparente falta de recursos tributários com o objetivo de financiar a educação inviabilizou o

---

10 Demerval Saviani, "Formação de Professores: Aspectos Históricos e Teóricos do Problema no Contexto Brasileiro", *Revista Brasileira de Educação*, vol. 14, n. 40, pp. 143-155, jan.-abr. 2009.

11 As Escolas Normais tinham como objetivo preparar professores para atuarem no ensino primário. Portanto, os professores deveriam dominar os conhecimentos que eram ensinados ali e transmiti-los aos seus alunos.

cumprimento dessa regulamentação por parte das províncias. Esse cenário acabou gerando um notável abandono desses níveis educacionais e abriu precedente para que a iniciativa privada assumisse a princípio o nível médio, acentuando ainda mais o distanciamento econômico e a seletividade educacional.

O denominado segundo período (1890-1931) foi marcado pela criação de grupos escolares e pela reforma paulista das Escolas Normais, com ênfase na prática pedagógico-didática e cujo ápice foi a criação das Escolas-Modelo, nas quais estavam previstas vivências de estágios com foco na prática do ofício docente. Ainda que a oferta das Escolas Normais fosse inconstante, a reforma de 1890 possibilitou um padrão de organização, apresentando dois importantes aspectos pautados na valorização do preparo pedagógico e prático do professor. O primeiro deles foi a tonificação dos conteúdos curriculares já utilizados, enquanto o segundo foi a ênfase na prática das ações pedagógicas. Essas proposições levaram à criação da Escola-Modelo, anexa à Escola Normal, e expandiram-se por todo o país. Nota-se que essa reforma destacou dois pontos importantes na formação docente: a formação teórica aliada à formação prática. Entretanto, apesar da proposta inovadora, ela não se concretizou conforme sua idealização, dado que o padrão formativo ainda se centrava nos conteúdos que deveriam ser transmitidos, gerando um esmorecimento do impulso reformador.

O terceiro período (1932-1939) foi marcado pelo arrefecimento do ímpeto reformador, culminando em poucos avanços da esperada expansão das Escolas Normais. A grande novidade ocorreu com a reforma liderada por Anísio Teixeira em 1932, cujo cerne foi a incorporação dos conhecimentos pedagógicos à agora chamada Escola de

Professores, caminhando para a consolidação do modelo formativo pedagógico-didático. Em paralelo, deu-se início à criação dos Institutos de Educação – em São Paulo e no Rio de Janeiro –, que, baseados no ideário da Escola Nova, previam o cultivo da educação também como espaço de pesquisa.

O quarto período (1939-1961) se define pela regulamentação das escolas superiores, secundárias e primárias. Nesse processo, houve uma crescente incorporação de um ideário pedagógico renovador, resultante do Decreto-Lei n. 1.190, com a proposição do modelo conhecido como o "esquema 3+1 adotado na organização dos cursos de licenciatura e de Pedagogia"[12]. Neste esquema, os três primeiros anos de formação eram compostos por disciplinas específicas, enquanto o quarto ou último ano era destinado à didática, como uma espécie de preparação para o ofício docente.

No quinto período (1971-1996), houve a substituição das Escolas Normais pela habilitação específica do Magistério. Em meio a tantas mudanças de nomenclatura e estrutura, Saviani aponta que "a formação de professores para o antigo ensino primário foi, pois, reduzida a uma habilitação dispersa em meio a tantas outras, configurando um quadro de precariedade bastante preocupante"[13]. Diante disso, alguns ordenamentos legais desencadearam novos movimentos de reforma dos cursos de Pedagogia e licenciatura que se apoiaram no princípio de ofício docente para todos os profissionais da educação.

Por fim, o sexto e último período, que teve início em 1996 com a implementação da Lei de Diretrizes e Bases

---

[12] Demerval Saviani, "Formação de Professores: Aspectos Históricos e Teóricos do Problema no Contexto Brasileiro", p. 146.
[13] *Idem*, p. 147.

Nacionais (LDBN) 9.394/96 e, na cronologia de Saviani[14], continua após as reformas curriculares do curso de Pedagogia empreendidas em 2006, perdurando, portanto, até os dias atuais. Caracteriza-se pela unificação da regulamentação da educação em âmbito nacional, compreendendo tanto a rede pública (estadual e federal) quanto a rede privada, a partir da criação dos Institutos Superiores de Educação, Escolas Normais Superiores e novas propostas curriculares para o curso de Pedagogia. De acordo com Bernardete Gatti[15], as Escolas Normais – com as devidas modificações já citadas – mantiveram a formação de professores para os primeiros anos do ensino fundamental e a educação infantil, até a implementação da Lei de Diretrizes e Bases n. 9.394 de 1996, que postulou a formação desses docentes também em nível superior. Contudo, a proposição da LDBN, ao contrário do que se esperava – uma chance de resolver o problema da formação de professores no Brasil –, levou a um baixo nivelamento da política educacional ao permitir que os institutos superiores de educação se ocupassem de uma formação mais barata e de curta duração.

Essa breve linha do tempo das proposições e estruturação das formações de professores nos mostra o quão frágeis foram (e permanecem sendo, como veremos a seguir) as políticas formativas, dado que as inúmeras mudanças sofridas ao longo dos anos sequer estabeleceram um padrão consistente de preparação docente "para fazer face aos problemas enfrentados pela Educação escolar em nosso país"[16].

---

14 *Idem*, p. 148.
15 Bernardete A. Gatti, "Formação de Professores no Brasil: Características e Problemas", *Educação e Sociedade*, vol. 31, n. 113, pp. 1355-1379, out.-dez. 2010.
16 Demerval Saviani, "Formação de Professores: Aspectos Históricos e Teóricos do Problema no Contexto Brasileiro", p. 148.

**Reformas políticas e o lugar
do professor no discurso social**

Por mais que identifiquemos a existência do trabalho docente há alguns séculos, uma real preocupação com a formação de professores surge no início do século XIX. Entretanto, verifica-se que as reformas pedagógicas empreendidas desde então não foram suficientes para resolver os problemas educacionais. Marçal-Ribeiro aponta: "o que percebemos é que a educação tradicional manteve-se durante este período como consequência do próprio modelo socioeconômico, que não havia substancialmente sido alterado com o advento da República"[17]. Diante disso, entende-se que a escola assume um papel importante na construção de uma concepção de mundo coadunável ao modelo ideal de sociedade, cujos objetivos passam a centrar-se no desenvolvimento de habilidades e saberes diversos e necessários.

O cenário exposto nos mostra que, historicamente, o campo da formação de professores buscou sempre nortear-se pelos atributos e qualidades que o "bom" professor deveria adquirir. Essa forma de organização da formação evidencia-se no século XIX com o surgimento das Escolas Normais, que definiam as *qualidades* que um bom professor deveria possuir, assim como no tempo da Escola Nova, que definia as *características* necessárias ao "bom professor"[18]. Desde então, a lista de atributos, conhecimentos, capacidades e as atuais competências "que procuram dar conta de tudo o que um professor deve ser capaz de pôr em

---

[17] P. R. Marçal-Ribeiro, "História da Educação Escolar no Brasil: Notas para uma Reflexão", p. 18.

[18] António Nóvoa, "Firmar a Posição como Professor, Afirmar a Profissão Docente", grifos nossos.

ação"[19] não para de crescer e de se renovar, perpetuando o princípio da reciclagem. Esse contexto de constantes mudanças ou supostos aprimoramentos presentes no processo de formação docente, especificamente no Brasil, revelam o que Demerval Saviani denomina como "um quadro de descontinuidade"[20]. Segundo o autor:

> A questão pedagógica, de início ausente, vai penetrando lentamente até ocupar posição central nos ensaios de reformas da década de 1930. Mas não encontrou, até hoje, um encaminhamento satisfatório. Ao fim e ao cabo, o que se revela permanentemente é a precariedade das políticas formativas, cujas sucessivas mudanças não lograram estabelecer um padrão minimamente consistente de preparação docente para fazer face aos problemas enfrentados pela educação escolar em nosso país[21].

Identifica-se, portanto, que a partir da década de 1990, no Brasil, foram realizadas algumas reformas políticas que implicaram mudanças legislativas, de financiamento, de gestão, nos sistemas avaliativos, "nos mecanismos de controle da formação profissional e, especialmente, na formação de professores"[22]. Segundo Cleide Matos e Manuelle Reis, as reformas curriculares voltadas para o ensino superior desenrolaram-se no cerne de articulações e interesses

---

[19] *Idem*, p. 1118.
[20] Demerval Saviani, "Formação de Professores: Aspectos Históricos e Teóricos do Problema no Contexto Brasileiro"; "Formação de Professores no Brasil: Dilemas e Perspectivas", *Poíesis Pedagógica*, vol. 9, n. 1, pp. 7-19, jan.-jun. 2011.
[21] Demerval Saviani, "Formação de Professores no Brasil: Dilemas e Perspectivas", p. 10.
[22] Cleide C. Matos e Manuelle E. Reis, "As Reformas Curriculares e a Formação de Professores: Implicações para a Docência". *Revista HISTEDBR on-line*, vol. 19, p. 4, 2019.

econômicos ligados aos arranjos e interesses do mundo globalizado, de modo que o Banco Mundial (BM) e outras organizações financiadoras produziram materiais "balizadores da política educacional brasileira"[23]. As autoras apontam ainda que um dos pontos em destaque para tais financiamentos é a formação de professores, "pois estes profissionais seriam responsáveis pela formação da mão de obra necessária para a manutenção e expansão do capitalismo"[24]. Essa responsabilidade delegada aos professores não fez menos do que reforçar a ideia, construída já na década de 1980, da culpabilidade docente pelo fracasso escolar e dos problemas educacionais, assim como o dever de resolvê-los.

Nesse processo de instituição da formação docente, descontínuo porém crescente, reconhecemos que o professor passou a integrar uma estrutura do Estado, configurando-se numa função contratual e salarial – ou seja, profissional –, afastando-se daquilo que anteriormente lhe fora designado como função vocacional. Tardif nos alerta para essa transformação quando afirma:

> Historicamente, os professores foram, durante muito tempo, associados a um corpo eclesial que agia com base nas virtudes da obediência e da vocação. No século XX, eles se tornaram um corpo estatal e tiveram que se submeter e se colocar a serviço das missões que lhes eram confiadas pela autoridade pública e estatal[25].

Esse processo tornou-se uma marca histórica que acompanha a formação docente até os dias atuais, uma

---

23 *Idem, ibidem.*
24 *Idem, ibidem.*
25 Maurice Tardif, *Saberes Docentes e Formação Profissional*, p. 241.

cicatriz, portanto, estrutural. Isso porque a partir dessa mudança os objetivos, conteúdos e métodos abordados nas formações de professores foram – e permanecem sendo – zelosamente monitorados pelo Estado[26]. O Estado assume, então, uma espécie de controle administrativo e ideológico, uma vez que passa a definir como e o que deverá ser oferecido aos professores. Essa questão não apenas define os rumos da formação docente como também estabelece o professor enquanto profissional, a quem se deve uma boa formação (inicial e continuada), e enquanto trabalhador, a quem devem ser garantidas condições de trabalho e remuneração adequada.

Sobre a condição do poder estatal, Tardif[27] argumenta que essa lógica estabelecida impede que os professores tornem-se autônomos e protagonistas de seus percursos formativos, uma vez que se encontram submetidos às decisões políticas alheias às práticas educativas que eles próprios exercem. Nas decisões e definições sobre as formações, os conteúdos de caráter inovador – professores reflexivos, novas metodologias ativas, sala de aula invertida, assim como as competências necessárias para um exercício docente pleno e de qualidade – serão definidos não apenas pelo Estado como também pelos financiadores e especialistas que oferecem as formações, em geral, profissionais entendidos como os supostamente possuidores dos saberes necessários para tais formações: psicólogos, sociólogos, entre outros. Saberes que, invariavelmente, nutrem-se de decorrências do universo escolar – contudo, externos ao que ocorre na prática e na relação professor-aluno propriamente dita –, mas que carregam consigo a marca da ciência.

---

26 Rinaldo Voltolini, *Psicanálise e Formação de Professores*.
27 Maurice Tardif, *Saberes Docentes e Formação Profissional*.

É interessante identificar nas falas de professoras e professores coletadas por meio das entrevistas realizadas para este estudo que a submissão a determinadas ofertas formativas e decisões políticas e a falta de autonomia e protagonismo não são exclusivas dos docentes atuantes na esfera pública. Os trechos abaixo, retirados das entrevistas com as professora Ana Elisa e Gisele, deixam evidente a lógica imposta também na esfera privada, em busca de exercícios docentes de qualidade e que atendam à lógica de mercado:

> A inquietação que eu tenho de tudo isso é que, por um lado, sou muito grata à escola x *por ter me proporcionado no início de carreira uma superformação, enquanto profissional*, por outra, eu só podia fazer isso desta forma. Então de fato *tem um investimento, mas um aprisionamento ao mesmo tempo*... "olha, te dou a formação, mas você só pode desenvolver deste jeito"[28].

A professora Gisele também traz relatos de experiências como docente de uma escola privada bilíngue que apresentava em sua proposta pedagógica uma metodologia específica para o ensino da língua inglesa, mas esbarrava em obstáculos institucionais para o exercício da docência de acordo com uma determinada metodologia. Em suas palavras, ela nos conta:

> Então foi muito complicado, sabe? Eu ver uma coisa ali no curso, que era um curso superprático, não era cheio de textos acadêmicos, tinha muitos vídeos de aulas reais *e eu não conseguia aplicar.* [...] Então eles falaram, "vamos dar um

---

[28] Trecho de entrevista com a professora Ana Elisa, grifos nossos.

curso de CLIL[29] para todos os professores que vão dar aula nessa disciplina". *Mas não resolveu muito, porque não dava pra aplicar exatamente o que a gente estava vendo lá, né?* E quando eu falo que não dava, não era nem por questão de estrutura, ou por questão de materiais, não. É a *demanda da liderança da escola* mesmo[30].

Entretanto, não se pode negar que todas as ações políticas voltadas para a formação docente carregam um *slogan* da valorização do papel do professor como o principal ator na promoção e na garantia de uma educação de qualidade. Nas últimas décadas, não foram raras as ações formativas no sentido da potencialização da docência, especialmente quando a culpabilização do aluno pelo fracasso escolar foi transferida para os professores. Desse modo, é possível fazermos uma leitura de que o esforço político corre na esteira de aprimorar as práticas e metodologias de ensino tornando-as mais eficazes, creditando a "chave para o sucesso" à questão técnica[31].

No entanto, isso é diferente de reconhecer o professor como sujeito do conhecimento e que tem algo (ou muito) a dizer sobre sua própria atuação e formação profissional, como veremos mais adiante. As falas de Ana Elisa e Gisele enunciam a maneira pela qual a gestão institucional da esfera privada, que também se vê submetida aos modismos pedagógicos determinados pelas instâncias política e econômica, acaba impondo aos professores uma espécie de submissão ou silenciamento diante das decisões definidas. Ou seja, as ações formativas em serviço visam

---

29   Content and Language Integrated Learning.
30   Trecho de entrevista com a professora Gisele, grifos nossos.
31   Marise Bartolozzi Bastos, "Sobre a Escuta de Professores na Formação Docente".

a qualificação dos professores, mas dão pouco espaço para que sejam protagonistas de suas ações pedagógicas. Vê-se então que, a cada nova proposta metodológica, novas ações formativas são colocadas em prática, em uma lógica que promove o descarte de conhecimentos e didáticas até então empregadas, em benefício das "novidades em voga". Bernard Charlot complementa: "a história mostra que, em uma situação desse tipo, rupturas, mais ou menos brutais, acabam acontecendo em que um outro modelo substitui o antigo"[32]. Esse processo de substituição fica evidente nas propostas de reformas curriculares, como a ocorrida por meio da Resolução do Conselho Nacional de Educação/Conselho Pleno (CNE/CP) de 18 de fevereiro de 2002. Essa proposta apresentou um deslocamento da concepção de *professor reflexivo* para a de *professor competente*, de modo que as formações passaram a pautar-se em modelos baseados nas competências docentes para um ensino de qualidade.

Da mesma maneira, as Diretrizes Curriculares Nacionais (DCNs) para a formação inicial em nível superior e para a formação continuada dos profissionais do magistério da educação básica, aprovada em 1º de julho de 2015, assume um caráter prático, segundo Matos e Reis. Nas palavras das autoras: "A primazia da prática nos revela uma concepção de formação docente pautada na ideia de que o problema da Educação tem sua raiz na formação dos professores, no seu arcabouço teórico"[33]. O primeiro capítulo das DCNs destaca que:

---

[32] Bernard Charlot, *Relação com o Saber, Formação de Professores e Globalização*, p. 87.
[33] Cleide C. Matos e Manuelle E. Reis, "As Reformas Curriculares e a Formação de Professores", p. 8.

No exercício da docência, a ação do profissional do magistério da educação básica é permeada por dimensões técnicas, políticas, éticas e estética por meio de sólida formação envolvendo o domínio e manejo de conteúdos e metodologias, diversas linguagens, tecnologias e inovações, contribuindo para ampliar a visão e a atuação desse profissional[34].

Essa perspectiva em voga deixa claro o que se pretende do profissional da educação: alguém que, ao ter domínio da técnica e dos conteúdos, teria (idealmente) o controle do cenário educativo, especialmente por deixar de fora do texto a dimensão humana.

Não obstante a visão imposta de que a educação seria a redentora da sociedade e, portanto, o ponto central para a solução dos problemas sociais, temos que essa condição repetitiva de substituição de concepções e imposição de modismos pedagógicos coloca o professor em uma posição social desqualificada e desvalorizada. Tardif afirma que "a desvalorização dos saberes dos professores pelas autoridades educacionais, escolares e universitárias não é um problema epistemológico ou cognitivo, mas político"[35]. Revah enriquece essa discussão ao afirmar que a permanente renovação de propostas formativas não raro confecciona a ideia do "professor em falta", uma vez que cada nova oferta formativa gera nos professores a sensação de estarem sempre aquém das demandas que lhes são exigidas nas instituições de ensino. Essa ideia de estar em falta une-se à exigência de estarem permanentemente em formação, sempre acompanhando as inovações pedagógicas,

---

34 Brasil, *Lei Brasileira de Inclusão da Pessoa com Deficiência (Estatuto da Pessoa com Deficiência)*. Lei n. 13.146, de 6 de Julho de 2015.
35 Maurice Tardif, *Saberes Docentes e Formação Profissional*, p. 243.

o que se constituiria como "um dispositivo de infantilização permanente"[36]. Isso faz com que o professor dificilmente se sinta preparado para suas ações pedagógicas.

Esses apontamentos são fundamentais na problematização do tema da formação docente, porque levantam questões importantes para discussão. Em um deles, abre-se a possibilidade de refletirmos a respeito da submissão do professor aos saberes de *experts*, peritos do Estado e afins que definem o que deve ser oferecido nas formações, ou dos chamados "especialistas" das ciências sociais e da área da psicologia e afins que supostamente detêm um saber sobre a compreensão dos sujeitos/alunos e, portanto, saber sobre como ensiná-los, como acabamos de apresentar. Em outro, abre-se a questão sobre de que maneira a profissionalização do professor, com sua formação bem-realizada e programada dentro do rigor da racionalidade científica, gera efeitos em sua posição social e, consequentemente, em sua relação com saber, gerando um deslize ora para uma posição de proletário na relação social com seu ofício, ora para uma posição de profissional, como veremos mais adiante.

O lugar do saber docente no avanço do discurso da ciência

Antes de adentrarmos na questão da relação do professor com o seu ofício docente e sua posição no discurso social – o que nos leva a supor que esteja numa posição de

---

[36] Daniel Revah, "O Docente 'em Falta' como Figura Cristalizada", p. 565.

proletário, mais do que de profissional –, faz-se importante trazermos aqui uma espécie de parênteses sobre uma outra condição importante que vem gerando efeitos na formação docente e, portanto, na posição social docente.

Temos visto que os debates sobre essa profissão e suas vicissitudes vêm, com o passar dos anos, tornando-se cada vez mais complexos devido ao contexto social e político, acompanhado de transformações conceituais sobre a atuação e o papel do professor. Essas transformações vêm na esteira dos avanços e conhecimentos ditos técnico-científicos. Conhecimentos que geram mudanças constantes na sociedade, nas maneiras que se estabelecem as relações interpessoais, assim como também geram mudanças nas formas de ensinar e de aprender.

Dado esse contexto, convém que precisemos o que estamos chamando de discurso da ciência, de que maneira ele se insere no processo do progresso social e de que forma se articula ao discurso pedagógico.

Ao fazer referência a Galileu Galilei, considerado pai da ciência moderna, Jean-Pierre Lebrun nos lembra que a chegada da ciência moderna desestabilizou o lugar da autoridade religiosa, produzindo uma nova forma de organização do que ele denomina laço social (discursos, ou maneiras através das quais um sujeito se relaciona com outro sujeito). Nessa transição entre a crença religiosa e a razão científica houve o "fim de uma legitimidade fundada na autoridade do enunciador em benefício de uma legitimidade fundada na autoridade concedida pela coerência interna dos enunciados"[37]. Lebrun prossegue dizendo que "a figura do mestre tende a se apagar para dar lugar à um

---

37 Jean-Pierre Lebrun, *Um Mundo sem Limite: Ensaio para uma Clínica Psicanalítica do Social*, Rio de Janeiro, Companhia de Freud, 2001, p. 53.

agente de transmissão de conhecimentos"[38]. Nesse sentido, o autor pretende delimitar o que está chamando de discurso da ciência: aquilo que organiza o laço social, as diversas formas através das quais os sujeitos irão se relacionar com o conjunto de conhecimentos estruturados pela ciência, uma forma de organização pluricêntrica e horizontal no campo social. Portanto, entende-se que o surgimento da ciência moderna marca profundamente o início do progresso social, gerando uma nova maneira de entender o mundo para além da antiga autoridade religiosa.

Em vista disso, quais seriam os efeitos da cientificização da pedagogia em relação ao saber docente?

O saber do professor

Ao tratarmos da questão do saber na temática da formação docente, é necessário deixarmos claro por qual perspectiva estamos nos pautando.

Os conceitos de saber e conhecimento são comumente utilizados de forma indiscriminada e, no *Dicionário Houaiss de Língua Portuguesa*, aparecem com significados equivalentes. Enquanto o termo conhecimento designa fato, estado ou condição de compreender, erudição, sabedoria, cultura, o termo saber significa a soma de conhecimentos adquiridos, sabedoria, cultura, ser, estar ou ficar informado, ciente de, conhecer[39].

No campo da educação, em sua grande maioria, os termos conhecimento e saber são empregados como sinônimos. A esse respeito, Alfredo Veiga-Neto e Carlos Ernesto Nogueira afirmam:

---

[38] *Idem, ibidem.*
[39] Instituto Antônio Houaiss, *Dicionário Houaiss da Língua Portuguesa*, São Paulo, Objetiva, 2001.

Entre as palavras mais recorrentes no campo dos Estudos de Currículo e na formulação de políticas curriculares, conhecimento e saber ocupam lugar de notável destaque. Mas, em que pese tais palavras serem muito comuns, é bastante raro que seus significados sejam questionados ou que se faça alguma distinção entre elas; quase sempre elas são assumidas como se falassem por si mesmas[40].

Os autores ressaltam que a distinção entre os termos – que pode ser realizada a partir de diferentes perspectivas teórico-metodológicas e dentro de distintos campos científicos – é possível e necessária, principalmente porque a falta de clareza pode ser fonte de incongruências entre o que se espera de uma prática de ensino e os resultados das aprendizagens. Em particular quanto ao presente estudo, entende-se que pode levar aos problemas denunciados pelas queixas docentes sobre a desproporcionalidade entre a demanda dos professores e a oferta formativa. A pedagogia como ciência da educação, assim como outros campos científicos, utiliza esses termos como se fossem equivalentes. Carregam a ideia de que o saber, assim como as competências, pode ser agenciado plenamente pelos professores em seu ofício docente, uma vez que eles as aprenderam em formação e podem desenvolvê-lo na experiência do contexto educativo. Contudo, será a perspectiva psicanalítica que nos permitirá apresentar outros rumos para os conceitos de saber e conhecimento, especialmente no campo da formação.

A psicanálise compreende a noção de saber a partir de uma perspectiva distinta da sociológica. O que a afasta e

---

[40] Alfredo Veiga-Neto e Carlos Ernesto Nogueira, "Conhecimento e Saber – Apontamentos para os Estudos de Currículo", em Lucíola Santos *et al.* (orgs.), *Convergências e Tensões no Campo da Formação e do Trabalho Docente*, Belo Horizonte, Autêntica, 2010, p. 67.

marca a sua diferença em relação a outros saberes é que a psicanálise refere-se a um saber que não se sabe. Enquanto o saber do ponto de vista sociológico se relaciona com a ordem do conhecimento – e, portanto, com as teorias e técnicas que muitas vezes são ensinadas nos cursos de formação de professores –, na perspectiva psicanalítica trata das questões do desejo inconsciente, o que nos ajuda a enxergar o professor como um sujeito. Para a psicanálise o sujeito não é um indivíduo, nem uma pessoa, mas um ser dependente e submetido às leis da linguagem que o constituem e se manifestam por meio das formações do inconsciente[41]. Nesse sentido, o professor-sujeito é aquele que se apresenta com seus desejos que, em grande parte, encontram-se inconscientes.

Essa perspectiva é especialmente relevante ao considerar que, para além do saber do conhecimento, existe um saber inconsciente que não pode ser mensurável, muito menos ensinado através de conteúdos e técnicas em um modelo de formação convencional. Por ser inconsciente, o saber é permeado por marcas experienciadas pelo sujeito no laço com o Outro, e, nesse sentido, não é possível promover atualizações e renovações de um saber que não se compõe por conteúdos. Entretanto, vale ressaltar que um conflito reside na relação do saber para a psicanálise em relação aos demais saberes, como nos diz Anna Carolina Lo Bianco: "se de um lado ela não é um saber como os outros, de outro ela não pode ser sem sua referência a eles"[42]. Em outras palavras, ainda que o saber para a psicanálise

---

[41] Marcelo Ricardo Pereira, "Subversão Docente: Ou Para Além da Realidade do Aluno", em Leny Magalhães Mrech (org.), *O Impacto da Psicanálise na Educação*, São Paulo, Avercamp, 2005, pp. 93-116; *Acabou a Autoridade? Professor, Subjetividade e Sintoma*, Belo Horizonte, Fino Traço/Fapemig, 2011.

[42] Anna Carolina Lo Bianco, "O Saber Inconsciente e o Saber que se Sabe nos Dias de Hoje", *Ágora*, vol. XIII, n. 2, p. 167, jul.-dez. 2010.

seja um saber inconsciente e, portanto, não sabido, de alguma maneira ele se articula ao saber do conhecimento.

Lacan contribui sobremaneira para a compreensão da noção de saber ao propor as fórmulas discursivas[43] – modos de promover o laço social, ou o laço com o Outro – que designam lugares diferentes para o saber e que lhe vão fornecer diferentes características. Um possível lugar é o saber que sabemos, o saber quantificável e passível de ser ensinado, o outro é o saber que não se sabe, "isto é, o saber que nos comanda e regula nosso funcionamento pulsional, nossa apreensão da realidade, nossa relação ao outro, à lei, ao desejo"[44].

Ao não reconhecer o professor como sujeito submetido às leis da linguagem às voltas com um saber inconsciente, o discurso tecnocientífico que sustenta o campo da formação docente até permite que haja uma aproximação com os conhecimentos técnicos, mas não com os saberes do professor. O discurso da ciência deixa de fora a dimensão do sujeito, gerando efeitos no lugar reservado ao saber docente.

No campo da educação, mais precisamente no campo da formação de professores, o avanço do discurso científico também gerou efeitos importantes. Apesar de identificarmos diversas perspectivas teóricas que buscam dominar esse cenário, Léopold Paquay e colaboradores[45] lançam luz sobre dois modelos epistemológicos que vêm concorrendo no campo da formação de professores na

---

[43] A teoria dos discursos formulada por Lacan no *Seminário XVII, O Avesso da Psicanálise* (Rio de Janeiro, Jorge Zahar, 1992 [1969-1970]) será retomada, desenvolvida e articulada à formação docente no capítulo 4 deste estudo.

[44] Anna Carolina Lo Bianco, "O Saber Inconsciente e o Saber que se Sabe nos Dias de Hoje", p. 168.

[45] Léopold Paquay *et al.*, *Formando Professores Profissionais*.

atualidade, marcando posições específicas para o saber docente. O primeiro deles é o que se baseia na ideia do professor como protagonista institucional, engenhoso e criativo, capaz de refletir e agir sobre sua prática, modelo denominado como socioconstrutivista – o dito professor reflexivo[46]. Já o segundo, identificado como positivista, está baseado nas prescrições de procedimentos calcados em rigorosos critérios e pesquisas científicas, com clara ênfase tecnicista, que visam o alcance da eficácia e de padrões de desempenho desejáveis para a atuação docente – o chamado professor competente.

Estas duas perspectivas que disputam esse campo de pesquisa e, consequentemente, o campo das ofertas formativas, levam a efeitos importantes quanto à natureza do saber docente e à sua prática. Para a visão positivista e tecnicista, o saber docente é entendido como científico e racional; dessa forma, a prática docente deve ser baseada na técnica, pautada nos estudos científicos. Ao passo que, para a perspectiva socioconstrutivista, o saber docente é compreendido como produto da reflexão, e a sua prática deve acontecer baseada "na improvisação balizada", apoiada pela ideia da engenhosidade docente. Essa disputa de campo pode ser entendida como problemática, uma vez que, ao invés de enriquecer o campo formativo com a pluralidade de posições epistemológicas, propõe visões amplamente diversas e contrapostas que entram num embate mercadológico, reduzindo a ação docente a uma espécie de "dogmatização tecnicista"[47].

No que diz respeito ao entendimento sobre a natureza do saber docente, notamos, portanto, que ele começa a

---

[46] D. A. Schön, *Educando o Profissional Reflexivo: Um Novo Design para o Ensino e a Aprendizagem*, trad. Roberto Cataldo Costa, Porto Alegre, Artes Médicas Sul, 2000.
[47] Rinaldo Voltolini, "Formação de Professores e Psicanálise".

passar por transformações a partir da emergência das ciências da educação e das decorrentes mudanças no discurso pedagógico. Isso se deve, segundo Tardif[48], a dois grandes fatores: o primeiro deles estaria relacionado à impregnação dos saberes psicológicos e psicopedagógicos no desenvolvimento no discurso da pedagogia moderna; o segundo, aos fenômenos ideológicos – próprios do neoliberalismo[49] – que introduziram no discurso pedagógico ideais reformistas e que buscaram romper com o dito ensino tradicional, como, por exemplo, o movimento da Escola Nova. Esse novo arranjo marcou de maneira profunda a relação professor-aluno, assim como introduziu a noção de competências necessárias ao professor para exercer a melhor prática pedagógica.

Entendemos que os dois fatores salientados não são distintos entre si, o que nos leva a discuti-los conjuntamente, dado que os efeitos gerados na formação docente e, por conseguinte, na posição do professor no discurso social podem ser lidos de forma simultânea. Podemos dizer que esse novo entendimento a respeito do lugar do professor e de suas necessárias (e novas) competências para estar em sala de aula é, inicialmente, decorrente da entrada dos conhecimentos da psicologia no campo da educação, no início do século XX, como a disciplina que viria oferecer "fundamentações científicas às práticas pedagógicas, ao desvendar o processo de desenvolvimento do indivíduo, ao explicitar as necessidades e os interesses das crianças [...]"[50], tornando-se portanto o novo paradigma norteador

---

[48] Maurice Tardif, *Saberes Docentes e Formação Profissional*.
[49] As articulações da ideologia neoliberal e suas implicações na formação de professores será abordada e desenvolvida no capítulo 4.
[50] Ana Laura Godinho Lima, "Os Temas da Evolução e do Progresso nos Discursos da Psicologia Educacional e da História da Educação", *História da Educação*, vol. 23, p. 9, 2019.

da pedagogia. Dessa maneira, entende-se que a psicologia do desenvolvimento que adentrou o campo escolar emergiu como um saber especializado – e, consequentemente, científico – sobre como funciona o aluno, fornecendo esse conhecimento ao professor a fim de que ele pudesse alcançar as melhores práticas pedagógicas e assim promover o pleno desenvolvimento de cada estudante.

Na esfera tecnocrática, a psicologia também veio ocupar (e permanece ocupando) o lugar de garantia e de suporte científico à pedagogia, que lutou fortemente para transformar-se em uma prática laica e libertar-se do domínio religioso. Em termos da formação docente, isso significa que o estilo pedagógico que até então era sustentado por uma transmissão oral de valores e conhecimentos e que estabelecia uma relação vertical entre o mestre e o discípulo cedeu lugar a concepções mais democráticas, como é o caso do construtivismo[51]. Este, ao "tomar a palavra" na educação, propõe uma inversão de lugares, no qual o aluno passa a ser um sujeito ativo na aprendizagem, o professor assume a posição de mediador, e a transmissão perde a vez para a construção conjunta do conhecimento. O discurso pedagógico passou por uma espécie de "reforma", adotando a ciência como sua referência primordial, pois "se a ciência tornou-se a referência principal do desenvolvimento e do progresso, a pedagogia deveria, igualmente, cientifizar-se"[52].

Nesse processo de cientificização da pedagogia, o modelo positivista acabou por impregnar o campo da formação de professores com prescrições a serem seguidas

---

[51] Jean Piaget (1896-1980) dedicou-se a pesquisar o desenvolvimento da inteligência, o que ele denominou como a teoria da epistemologia genética. Ao longo de seus estudos, investigou o desenvolvimento da aprendizagem, o que ficou conhecido como construtivismo.

[52] Rinaldo Voltolini, *Psicanálise e Formação de Professores*, p. 21.

que apontam para a eficácia e o rendimento do saber e da prática docente, criando uma ilusão de que o domínio teórico-conceitual, assim como dos conhecimentos necessários para a aplicação destes na prática, levaria o professor à excelência de sua ação pedagógica. Esse modelo, contudo, nos parece um tanto problemático, uma vez que exclui deste campo algo fundamental e caro à psicanálise: a dimensão do sujeito.

Da mesma maneira, as reformas educacionais propõem novas adequações às instituições escolares e cobram do professor outros papéis e expectativas formativas, exigindo que acompanhe as inovações a fim de alcançar uma melhor qualidade de ensino. Desse modo, Voltolini destaca:

> O número significativo de reformas pelas quais passou a escola nos últimos tempos também constitui um fator fundamental a levar em conta, com consequências imediatas no tocante à questão da formação de professores. Novas políticas públicas que atravessam a instituição escolar, como a educação inclusiva, por exemplo, os múltiplos debates metodológicos, ideológicos etc. tornaram o cotidiano escolar mais complexo e mais instável, exigindo do professor novas e mais complexas competências, lançando à sua frente novos desafios[53].

Esse contexto, obstinado por reformas, parece buscar atingir um solo estável e consistente sobre os quais deveriam se solidificar um legado de tradição de formação, saberes e práticas docentes. Entretanto, o que vemos acontecer é justamente o oposto, dado que no Brasil muitas reformas propostas não chegam a ser implementadas, seja por

---

[53] Rinaldo Voltolini, *Formação de Professores e Psicanálise*, p. 173.

descaso, seja pelo fato de logo surgirem novas propostas reformadoras. Ao invés de consistência, há uma disseminação de incertezas e crises identitárias e uma recorrente desqualificação do saber docente. Esse sistema de renovação se soma às questões tecnicistas que geram efeitos importantes no contexto da formação docente e da posição do professor – seu sofrimento e mal-estar – ao excluir a sua dimensão enquanto sujeito. A esse respeito, podemos tecer algumas formulações sobre a posição do professor enquanto profissional da educação e enquanto proletário, do qual o saber é extraído em nome da produção.

Os lugares reservados ao professor no campo educacional contemporâneo

Tendo em vista os diversos atravessamentos que o campo da educação vem experienciando na atualidade, identificamos a presença de cruzamentos discursivos que envolvem estratégias de controle, ideologias hegemônicas, além de diferentes enunciados oriundos de diferentes perspectivas teóricas sobre o lugar da escola e o papel dos atores que nela protagonizam. Nessa trama discursiva, notamos a presença maciça dos formadores *experts* carregando a bandeja das novidades pedagógicas com a promessa de substituir as práticas obsoletas e qualificar ainda mais o ato educativo por meio de técnicas e métodos prescritivos que acabam por engessar um ofício caracterizado pela imprevisibilidade. Consequentemente, vemos os professores serem desprovidos de seus saberes e cederem espaço aos que falam em nome da ciência e do progresso social por meio das inúmeras reformas educacionais propostas e das novidades pedagógicas em voga. Tais discursos não se enunciam sem efeitos. Ao contrário, posicionam os professores em determinados lugares sociais.

Professor como profissional

Nas discussões que vimos propondo, identificamos que no campo da docência o processo de profissionalização do papel do professor teve sua origem na segunda metade do século XIX. De acordo com Léopold Paquay e colaboradores[54], pesquisas da sociologia sobre as profissões de áreas como as ciências humanas apontam para um avanço considerável na profissionalização de certos ofícios, entre eles, o docente. Isso significa que, para "acompanhar as transformações necessárias dos sistemas educacionais, o papel dos professores, deve, necessariamente, evoluir"[55]. Nessa linha, o profissional é visto como um prático, que deve ter autonomia, responsabilidades e capacidade para lidar com situações complexas. No caso dos professores, uma série de competências essenciais passaram a ser consideradas fundamentais para o exercício docente e, por esse motivo, passaram a compor os cenários formativos.

Em vista disso, não podemos nos furtar de especificar que o termo formação remete à formação profissional[56]. Isso significa que, no momento em que o Estado passa a dedicar especial preocupação à formação de professores, a profissionalização da docência começa a se estruturar.

---

54 Léopold Paquay et al., *Formando Professores Profissionais*.
55 *Idem*, p. 11.
56 Bernard Charlot, *Relação com o Saber, Formação de Professores e Globalização*.

Como visto, a cada reforma educacional proposta e implementada, ocorrem mudanças na estrutura institucional formativa, e diferentes atuações e conhecimentos são demandados e exigidos dos professores. Desse modo, a cada nova reforma, novas competências são desenhadas, planejadas e colocadas como padrões necessários para um bom desempenho da atuação. Lembrando que as propostas são contingentes, uma vez que variam e acompanham as diferentes concepções e realidades de trabalho.

Na atualidade, identificamos que as competências necessárias para a atuação docente vêm se complexificando intensamente. A noção de competências surge na década de 1970 a partir do movimento Ensino Baseado em Competências, que posteriormente denominou-se Formação por Competências ou Pedagogia das Competências. A ideia central desse movimento é a de que o foco do processo formativo – inicial, em serviço ou continuado – seja o desenvolvimento de competências específicas voltadas ao exercício profissional. Dessa maneira, entendemos que o ensino baseado em competências forja um modelo específico de formação que, pautado em uma reunião de teorias, métodos e técnicas, tem por objetivo desenvolver capacidades docentes voltadas ao exercício profissional.

Um recorte específico desta expectativa pautada nas competências profissionais do professor é a reforma proposta pela Base Nacional Comum para a Formação Inicial de Professores da Educação Básica – denominada BNC--Formação. Além de uma série de mudanças propostas em relação à carga horária destinadas à formação inicial e à avaliação dos licenciandos, que deve ser realizada de forma contínua e articulada com os ambientes de aprendizagem, o documento estabelece dez competências gerais e doze específicas para os docentes.

Ainda sobre a formação pautada nas competências, Juliana Barbaceli dispõe que "como qualquer construção científica, o ensino por competências é resultado de elaborações que visam solucionar questões importantes, historicamente localizadas"[57]. Entendemos, por conseguinte, que a intenção estatal de propor e exigir dos professores que atuem em consonância com as competências estabelecidas pelo documento orientador pode ser uma espécie de tentativa ideológica do Estado de reparar os problemas educacionais, pois estas diretrizes, uma vez adequadamente construídas e empregadas, consertariam os problemas da qualidade do ensino.

Além das competências formalmente estabelecidas, o professor também se depara com as outras competências implícitas em seu fazer pedagógico, entre as quais destacamos o fato de ter que oferecer suporte psicológico aos estudantes, conhecer as patologias e deficiências, ocupar-se dos conflitos familiares, trabalhar de maneira colaborativa com os pares, sem contar a responsabilidade assumida pelo fracasso escolar.

Portanto, reconhecemos a extrema exigência, de diversas instâncias, em relação ao bom desempenho do papel do professor, seja do Estado, pela eficácia formativa, seja da escola, no esgarçamento de sua função. Somado à esfera das exigências, retomamos aqui os pontos que fomos levantando ao longo desse capítulo e culminam no que entendemos como aquilo que está manifesto nas queixas particular dos professores. Podemos listar alguns pontos, começando por: *1.* ao professor, pouca autonomia

---

[57] Juliana Barbaceli, *A Formação por Competências como Modelo Atual de Formação de Professores e os Desafios para a Profissionalização da Docência*, São Paulo, Faculdade de Educação, Universidade de São Paulo, 2017 (Tese de Doutorado em Educação), p. 38.

formativa é permitida, dado que esta fica subordinada às decisões estatais e aos especialistas que encabeçam os programas de formação; 2. ele está inserido em uma dinâmica de constantes reformas institucionais, que dele esperam o acompanhamento imediato das novidades impostas; 3. faz parte de uma lógica de formações continuadas que nunca termina; 4. vem sendo reduzido, pelos estudantes e pela comunidade escolar em geral, a um lugar de poder e de perda da autoridade, entre muitos outros pontos tão importantes quanto estes que culminam no que tem se configurado como o mal-estar docente.

Esse apanhado acerca da profissionalização docente nos leva a uma importante discussão sobre o lugar que o professor vem ocupando no discurso social, que, ao posicionar o professor como o indivíduo que deve apreender os conteúdos – constantemente renovados, instaurando uma onda de modismos pedagógicos – e automaticamente aplicá-los no contexto escolar, permite identificá-lo a uma possível posição de proletário.

O professor como proletário

Essa suposição do professor enquanto proletário parte da ideia elaborada por Lacan sobre aquele que, para o discurso social, não tem um saber legitimado. A noção de proletário por ele desenvolvida afasta-se daquilo que vulgarmente é considerado, ou seja, relativo às baixas remunerações e ao cidadão que sobrevive apenas do pequeno salário de seu trabalho. A ideia lacaniana parte da referência de proletário enquanto cidadão da última classe social da Roma antiga, que não pagava impostos, não apresentava nenhum interesse social, não possuía bens materiais e não possuía valor em si mesmo, mas que, segundo Colette Soler, "embora pobre, não era um explorado"[58], pois era considerado útil apenas pelos filhos que gerava. Ou seja, contribuía somente com a reprodução da vida; a sua prole estava destinada a servir à República. Nessa linha, para Lacan o proletário não é apenas alguém sem valor, e sim alguém de quem o saber é anulado, não é valorizado e nem reconhecido pelo outro.

É a partir deste enquadramento do proletário que intencionamos tecer algumas ideias sobre a posição do professor no discurso social, especificamente quando reconhecemos a desqualificação de seu saber. O que vimos destacando até então sobre os princípios da formação docente na contemporaneidade reflete o lugar de proletário trabalhado por Lacan como a de um sujeito despossuído de seu saber. A falta de autonomia em relação ao planejamento e realização de sua formação (subordinados às determinações do Estado), o arranjo de seu saber tecido no bojo do discurso da ciência (que define como será e o que será essencial para sua formação), sem contar o caráter infindável das formações continuadas, são fatores que demarcam bem a desvalorização ou expropriação do saber docente.

Nesse sentido, compreende-se que na atualidade a formação docente ocorre de maneira problemática, uma vez que o interesse do Estado pela formação não está isento da lógica capitalista que permeia as políticas públicas de educação para a solução dos problemas educacionais. Esse contexto fomenta a imagem de um professor em permanente necessidade de formação e como alguém que não sabe o que e como fazer, demandando um outro que saiba e que o direcione para as mais eficazes estratégias pedagógicas. A partir do ideal pautado no despreparo docente

---

[58] Colette Soler, *De um Trauma ao Outro*, São Paulo, Blucher, 2021, p. 29.

para atingir as melhores marcas no *ranking* da qualidade do ensino, se constitui o campo da formação docente. Seja a formação inicial ou continuada, o ponto central é que toda a construção discursiva em torno da qualificação docente posiciona o professor na condição de proletário, desapropriado de seu saber, no sentido lacaniano do termo.

Essa lógica articula-se na ideia de uma falta de saber docente que necessita ser suprida por meio da profusão de cursos planejados para a formação continuada.

Isto posto, entendemos que o princípio localizado na base da formação docente contemporânea é de um sujeito desprovido de saber, o que leva à imposição de uma formação continuada – que carrega o ideal de renovação permanente como representante do capitalismo contemporâneo – com teor reparatório ou compensatório, na qual o professor encontra-se submetido a um *expert*[59], que supostamente sabe o que e como deve ser a prática pedagógica. Nessa lógica, portanto, o saber não está no professor como proletário; o saber está no outro.

Segundo as formulações lacanianas, a ideia de proletário se refere ao lugar ocupado pelo professor no discurso social. Portanto, destituído de sua posição de saber, o professor é posicionado em resposta ao discurso capitalista, ou o discurso do mestre moderno. Enquanto o escravo detinha um saber que interessava ao senhor, o proletário não possui saber algum, apenas a força de trabalho para a produção.

Levemos em consideração a dialética do senhor e do escravo de Hegel, introduzida por Lacan em seus *Seminários*

---

[59] Tomamos aqui a ideia de *expert* apresentada por Voltolini, dado que são estes especialistas os escolhidos para oferecer as formações e assumem, portanto, o saber necessário ao bom desempenho da função docente. Nas palavras de Voltolini, os *experts* são a antifigura do professor (Rinaldo Voltolini, *Psicanálise e Formação de Professores*).

16 e *17*. Para Lacan[60], o escravo é aquele que detém o *savoir-faire* e é, portanto, o suporte do saber do mestre. Ele produz um saber fazer que não tem a intenção de se formalizar. O mestre, por sua vez, se apropria do saber do escravo com a intenção de capturar um saber teórico que deixa de fora, justamente, o real indizível: a verdade que sustenta o saber do escravo. Na relação escravo-mestre, este mantinha o escravo sob seu domínio por conta do saber que ele, e somente ele, possuía sobre seus afazeres e obrigações. Com o advento das maquinofaturas, o escravo perdeu o seu saber, que a partir de então passou a estar submisso à lógica de operação das máquinas, ou seja, de acordo com Rinaldo Voltolini, "ao antigo escravo se substituiria a figura do operário, ou seja, *aquele que opera*"[61]. E, nesse sentido, o saber para operar a máquina difere do saber do escravo, uma vez que é um saber apenas repetitivo e baseado em técnicas operativas, que também pôde ser suprimido pelo progresso social e tecnológico. Quando o proletário se submete ao saber da máquina – e o aceita –, está ao mesmo tempo privando-se de seu saber, de um saber inconsciente que o permitiria posicionar-se em relação às suas ações e atuações. Sendo apenas "mais um" na cadeia repetitiva, operativa e meramente técnica, "ele não tem, verdadeiramente, algo que se possa chamar de ato"[62].

Desse exemplo, da relação entre o escravo e o mestre, que se torna mediada pela operação das máquinas, podemos estabelecer uma analogia com o lugar do professor no discurso social. Como já vimos destacando, a desapropriação do saber do professor se dá sob algumas instâncias e

---

60 Jacques Lacan, *O Seminário*, Livro 17: *O Avesso da Psicanálise*.
61 Rinaldo Voltolini, *Psicanálise e Formação de Professores*, p. 52.
62 *Idem*, p. 53.

coloca a função docente no lugar de proletariado. A formação docente e sua lógica, nas quais identificamos a oferta de técnicas e conhecimentos práticos mediados por *experts*, nos parecem apenas reforçar no professor o lugar de expropriação do saber ao manter a condição de sujeito elidida da dinâmica formativa. Retomando Lacan em "Televisão", o proletário é aquele que não tem um discurso com o qual estabelecer laço social, pois teve seu saber transferido, "um saber que não pensa, nem calcula, nem julga, não deixando por isso de produzir efeito de trabalho"[63]. Nesse sentido, o indivíduo é considerado um proletário por ter sido despossuído de um saber que deveria ser seu, mas que foi furtado em meio à exploração capitalista.

Nessa linha, identificamos um trecho da fala da entrevistada Ana Elisa que anuncia exatamente o lugar da professora como proletária. O investimento, ou seja, a qualificação profissional era oferecida pela instituição escolar, mas permitia pouca autonomia nas práticas pedagógicas:

> Você é uma professora que *está se formando continuamente*, está investindo na educação *e isso te torna empregável*, no meio das escolas particulares, mas isso não significa que tenha impacto salarial. [...] Eu passei por uma experiência em que a escola financiava tudo, mas era um aprisionamento didático[64].

Desse modo, a estrutura das ofertas formativas busca definir e propor como o professor deve atuar em sala de aula[65]

---

[63] Jacques Lacan, "Televisão", *Outros Escritos*, Rio de Janeiro, Jorge Zahar, 2003, p. 530.
[64] Trecho de entrevista com a professora Ana Elisa, grifos nossos.
[65] Como exemplo, podemos destacar aqui algumas classificações construídas nos últimos anos, como a concepção de sala de aula nota dez, assim como premiações como Prêmio Educador Nota 10 e Global Teacher Prize, entre outros.

a partir de referências e técnicas que supostamente deveriam fornecer as pistas, informações e conhecimentos valiosos sobre o trabalho docente de excelência com o objetivo de solucionar os problemas decorrentes da educação. Esse lugar a partir do qual os *experts* que encabeçam os cursos, oficinas etc. se dirigem aos professores como incapazes e desprovidos de saber apenas reforça a lógica que estamos tentando desvendar e cristaliza os efeitos que geram o mal-estar do professor. Ainda que pautado na perspectiva da filosofia da educação, Tardif corrobora essa questão ao afirmar:

> No que diz respeito às tecnologias dos professores (educativas), e até prova do contrário, os saberes oriundos das ciências da educação e das instituições de formação de professores não podem fornecer aos docentes respostas precisas sobre o "como fazer". Em outras palavras, na maioria das vezes, os professores precisam tomar decisões e desenvolver estratégias de ação em plena atividade, sem poderem se apoiar em um "saber-fazer" técnico-científico que lhes permita controlar a situação com toda a certeza[66].

Ou seja, não deveria ser possível propor conhecimentos técnicos e prescritivos a um ofício específico, como a docência, que se caracteriza por ser imprevisível, complexa e dependente de uma criação ou improvisação, dados os imprevistos que irrompem o cotidiano da sala de aula. Contudo, o que se propõe nas formações se alia ao que aponta Joel Birman em relação à subjetividade contemporânea, que é "essencialmente narcísica, em que as insuficiências não podem existir, já que essas desqualificam

---

[66] Maurice Tardif, *Saberes Docentes e Formação Profissional*, p. 137.

a subjetividade, que deve ser autossuficiente"[67]. Em outras palavras, toda a estrutura das ofertas formativas parte do princípio de que ao professor contemporâneo deve-se fornecer o máximo de conhecimentos necessários para que sua prática pedagógica não deixe nada a desejar. Entretanto, reconhecemos que oferecer conhecimento àqueles que pedem o reconhecimento de seu saber, ou seja, oferecer conhecimentos técnicos sobre como melhor "operar a máquina da sala de aula" para os professores que demandam a valorização de seu saber, pode fomentar a lógica de proletarização da função docente[68].

Como vimos, as discussões sobre a atividade docente e, mais especificamente, sobre a formação, foi ganhando corpo a partir dos anos 1980. Os debates travados nesse campo levantam pontos importantes que dizem respeito ao lugar que os professores foram assumindo no discurso social. Disso, levantam-se questões como a profissionalização. Sobre isso, Daniel Revah destaca o enquadramento no qual o lugar do professor foi sendo constituído como um profissional, ao qual deve ser garantida uma boa formação, como também o "professor como trabalhador, a quem deveriam ser proporcionadas condições de trabalho e remuneração condizentes com o que dele se exige"[69]. Nesse contexto profissionalizante e com direitos garantidos pelo Estado (tanto formativos quanto salariais), os professores foram estabelecendo um modo específico de se posicionar – ao passo que também foram sendo posicionados – no discurso social, assumindo uma forma particular de tomar

---

[67] Joel Birman, *Arquivos do Mal-Estar e da Resistência*, Rio de Janeiro, Civilização Brasileira, 2006, p. 192.

[68] Essa lógica oferta-demanda exemplificada será retomada e mais bem desenvolvida no capítulo 4.

[69] Daniel Revah, "O Docente 'em Falta' como Figura Cristalizada", p. 558.

a palavra. Nas palavras de Lacan[70], maneiras específicas de estabelecer laço social.

Nessa ordem, o Estado se posiciona como a instância suprema de garantia e oferta da formação "necessária" para que o professor execute suas ações pedagógicas com excelência e bom desempenho, ao mesmo tempo que coloca os professores na ordem da proletarização por meio da oferta maciça de cursos de cunho reparatório. Os pedidos manifestos dos professores parecem entrar nesse registro a partir de perguntas: *O que devo fazer? Como devo fazer? Quais caminhos devo seguir?* Contudo, o que é oferecido nos programas formativos parece não corresponder à demanda formulada pelos professores, uma vez que os pedidos por mais formação – que ora denunciam a insuficiência do que é oferecido, ora o acusam pela negligência ou pela falta de respaldo – não param de insistir. Nesse sentido, Voltolini reforça a ideia de que "oferecer mais conhecimento àqueles que foram privados de seu saber pode alimentar um círculo vicioso que retorna para o professor como confirmação de sua condição proletária"[71].

Tem-se, portanto, que o Estado e a sociedade civil irão incentivar as chamadas formações continuadas, numa tentativa de contornar o impossível[72], subtraindo mais ainda a valorização do saber do professor em favor das formações cada vez mais prescritivas e técnicas, que visam fornecer os conhecimentos corretos para o melhor "manejo da máquina" do ensinar.

---

70 Jacques Lacan, *O Seminário*, Livro 17: *O Avesso da Psicanálise*.
71 Rinaldo Voltolini, *Psicanálise e Formação de Professores*, p. 53.
72 A questão do impossível da educação será retomada e aprofundada no capítulo 5.

2 O Conceito Lacaniano de Outro e a Formação Docente

> *"Há mais um perigo latente numa educação tomada muito a sério. Querer tornar felizes os filhos, antes do tempo, é talvez uma imprudência".*
>
> Victor Hugo

Este capítulo pretende se debruçar sobre alguns conceitos desenvolvidos pela psicanálise lacaniana e tecer algumas aproximações com o campo da formação de professores. Partir-se-á da noção de sujeito para a psicanálise a fim de compreender a noção de sujeito que estamos abordando ao colocar o professor na centralidade da discussão. Entendendo que as modalidades de formação contemporâneas ocupam um lugar de agenciamento no lugar do discurso do universitário, portanto de um outro suposto saber completo, buscaremos localizar o lugar destinado aos professores na lógica operada pela formação docente.

Algumas linhas introdutórias sobre sujeito para a psicanálise

O termo sujeito comporta uma variada gama de definições, já que atravessa diversas disciplinas, desde a psicologia, a pedagogia e a filosofia, entre outras, até chegarmos à psicanálise, a perspectiva que mais interessa a este trabalho. Antes do termo ter sido empregado pela psicanálise, já havia sido definido na filosofia antiga, por Platão (427 a.C.-347 a.C.) e Aristóteles (384 a.C.-322 a.C.) e, posteriormente na dita Filosofia Moderna, por Descartes (1596-1650), como sendo "o próprio homem enquanto fundamento de seus próprios pensamentos e atos", ou seja o homem da consciência, fonte de conhecimento e das ações morais e políticas[1]. Mas essas diferentes concepções de sujeito diferem fundamentalmente do sujeito da psicanálise.

Ao inaugurar a psicanálise e ao interessar-se pelos resíduos da vida psíquica de seus analisantes – material que fora rejeitado pela consciência, como chistes, atos falhos, sonhos e sintomas –, Freud desenvolveu a noção de inconsciente e propôs uma ruptura com os paradigmas vigentes até então sobre a ideia de sujeito como "senhor de si". Embora ele não tenha utilizado o termo sujeito ao longo de sua obra, é possível inferir que, para Freud, sujeito da psicanálise é o sujeito do inconsciente que aparece no discurso cada vez que há formações do inconsciente. Pode-se afirmar que a descoberta da psicanálise por Freud é a descoberta do inconsciente.

---

[1] Elisabeth Roudinesco e Michel Plon, *Dicionário de Psicanálise*, Rio de Janeiro, Zahar, 1998, p. 742.

É, portanto, a partir de Freud, e mais especificamente com Lacan, que a noção de sujeito ganhou um outro estatuto, diferente da noção de indivíduo, uma vez que não é causa em si própria, mas um efeito do significante. Lacan retoma o esquema de aparelho psíquico apresentado por Freud e assinala que, entre a consciência e a percepção, está o lugar do Outro onde o sujeito se constitui. Da mesma maneira, teoriza e define o inconsciente como uma cadeia de significantes. Em "A Subversão do Sujeito e a Dialética do Desejo", Lacan enfatiza:

> O inconsciente, a partir de Freud, é uma cadeia de significantes que em algum lugar (numa outra cena, escreve ele) se repete e insiste, para interferir nos cortes que lhe oferece o discurso efetivo e na cogitação a que ele dá forma[2].

Mais adiante, define a noção de sujeito, sendo que "[...] um significante é aquilo que representa o sujeito para outro significante. Esse significante, portanto, será aquele para o qual todos os outros significantes representam o sujeito"[3]. Nessa definição, Lacan propõe que o desejo, o amor e as concepções de vida do sujeito encontram-se na dependência do discurso do Outro. O sujeito, portanto, passa a ser entendido como o efeito daquilo que um significante representa para outro significante. Sujeito efeito da linguagem e do discurso.

Mas como se dá a constituição do sujeito? Quais são suas relações com a linguagem? De que maneira o conceito de inconsciente se articula à constituição do sujeito?

---

2 Jacques Lacan, "A Subversão do Sujeito e a Dialética do Desejo" [1960], *Escritos*, Rio de Janeiro, Jorge Zahar, 1998, p. 813.
3 *Idem*, p. 833.

Tais perguntas colaboram com a apresentação de alguns conceitos lacanianos envolvidos no processo de constituição do sujeito que faremos a seguir e servirão de operadores para tecermos algumas aproximações entre a relação do sujeito com o Outro e a relação docente com a oferta formativa.

O sujeito e o desejo do Outro

A partir da definição lacaniana, supõe-se que o sujeito se constitui por meio das relações com o mundo e com o outro. Desde o nascimento, é na relação com aquele que ocupa a posição de cuidador que a criança apreende elementos constitutivos. Num primeiro momento, ela tem com o objeto materno uma relação simbiótica na qual jaz a crença de que um é parte do corpo do outro "[...] uma vez que a criança está tão estreitamente ligada ao objeto materno, que forma com ele, literalmente, um círculo fechado"[4].

Todo sujeito é marcado e constituído por uma ordem simbólica, determinada por meio do percurso de um significante[5]. Nesse sentido, o sujeito é efeito de linguagem. Isso significa que ele emerge enquanto aquele que é assujeitado e marcado pelo significante, ao passo que é causado pelo *objeto a*, pela presença da sua ausência, que produz efeitos de um desejo para além dos significantes do Outro.

---

[4] Jacques Lacan, *O Seminário*, Livro 5: *As Formações do Inconsciente* [1958], Rio de Janeiro, Jorge Zahar, 1999, p. 232.
[5] Jacques Lacan, "A Subversão do Sujeito e a Dialética do Desejo".

Lacan, em *O Seminário 11: Os Quatro Conceitos Fundamentais da Psicanálise*[6], diferenciou as importantes instâncias: o "pequeno outro" ou o semelhante, aquele que pode ser considerado o parceiro do sujeito em sua semelhança (o outro especular), e o "grande outro", ou o Outro primordial – grafado em maiúscula –, que Lacan contextualizou como sendo a instância simbólica – e também da linguagem – determinante do sujeito.

Ainda que, anos antes, Lacan tivesse uma outra concepção de Outro[7], baseada no Outro concreto, o qual deveria se tornar desejável para o sujeito para assim desencadear o seu desejo, a ideia de instância que determina o sujeito já estava presente em sua obra. Para Lacan[8], o Outro é um lugar no discurso, estabelecido pelas cadeias de significantes, por meio da qual o sujeito se faz reconhecer enquanto desejo. Em outras palavras, uma instância exterior e anterior ao sujeito que detém o lugar da palavra e dos tesouros dos significantes:

> Trata-se, pelo contrário, de ensinar o sujeito a nomear, a articular, a fazer passar para a existência, este desejo que está, literalmente, para aquém da existência, e por isso insiste. Se o desejo não ousa dizer seu nome, é porque, este nome, o sujeito ainda não o fez surgir[9].

Entre outras revisões do conceito de Outro, Lacan reafirma em *O Seminário 11* que o conceito de Outro

---

[6] Jacques Lacan, *O Seminário, Livro 11: Os Quatro Conceitos Fundamentais da Psicanálise* [1964], Rio de Janeiro, Jorge Zahar, 2008.
[7] Dado que, ao longo de sua obra, propôs algumas revisões do conceito do Outro.
[8] Jacques Lacan, *O Seminário, Livro 2: O Eu na Teoria de Freud e na Técnica da Psicanálise* [1985], Rio de Janeiro, Jorge Zahar, 1995.
[9] *Idem*, p. 287

primordial não se refere necessariamente a figura da mãe, mas à pessoa que cumpre as funções maternas para o bebê:

> O que é preciso acentuar [...] é que um significante é o que representa um sujeito para um outro significante. O significante produzindo-se no campo do Outro faz surgir o sujeito de sua significação. Mas ele só funciona como significante reduzindo o sujeito em instância a não ser mais do que um significante, petrificando-o pelo mesmo movimento com que o chama a funcionar, a falar, como sujeito[10].

Ao longo de sua obra, Lacan foi melhor caracterizando o conceito de Outro, passando a se referir a esta instância como um Outro absoluto, que tudo pode por meio de seu desejo.

Portanto, vê-se que é no campo do Outro que o sujeito se constitui como efeito da ação da linguagem sobre ele mesmo. Pode-se afirmar que ao nascer o sujeito já está em uma relação de dependência significante com o lugar do Outro. Ao desenvolver a ideia de constituição do sujeito, Lacan[11] elabora a ideia de causação do sujeito e a define como o ponto originário a partir do qual o sujeito se constitui e está situada na linguagem. Em "Posição do Inconsciente", o autor afirma:

> O efeito de linguagem é a causa introduzida no sujeito. Por esse efeito, ele não é causa dele mesmo, mas traz em si o germe da causa que o cinde. Pois sua causa é o significante sem o qual não haveria nenhum sujeito no real[12].

---

[10] Jacques Lacan, *O Seminário*, Livro 11: *Os Quatro Conceitos Fundamentais da Psicanálise*, p. 203.
[11] Jacques Lacan, "Posição do Inconsciente" [1964], *Escritos*.
[12] *Idem*, p. 849.

Nesse caso, sempre que um significante representar um sujeito para outro significante, a operação chamada alienação se produzirá. Esta nada mais é do que a entrada no campo do Outro sob a forma de divisão subjetiva. Maria Kupfer complementa essa definição: "O sujeito do inconsciente foi formulado por Lacan como um lugar, uma função, que, ao se revelar à revelia do Eu, denuncia um desejo desconhecido por esse Eu que suporta essa subjetividade. Não designa, portanto, nenhuma personalidade ou um ser"[13]. Portanto, o sujeito do inconsciente é efeito da incidência de discursos sociais e históricos, discursos que, ao serem sustentados pelas figuras parentais e organizados pelo desejo, recebem de Lacan o nome de Outro – o grande Outro.

Lacan realizou diversas revisões de alguns conceitos em sua obra, dentre eles o conceito de Outro. Nesse processo de especificação da noção de Outro, ele identifica que este também não está completo e, portanto, deseja algo. E é justamente na cadência e nas falhas do discurso que o desejo pode aparecer.

**Ofertas formativas
e o desejo do Outro**

O discurso pedagógico hegemônico vem tecendo diferentes posições para os professores. O que nos cabe aqui discutir é a posição do professor que precisa se renovar e

---

[13] Maria C. M. Kupfer, "O Sujeito na Psicanálise e na Educação: Bases para a Educação Terapêutica", *Educação e Realidade*, vol. 35, n. 1, p. 270, jan.-abr. 2010

se qualificar constantemente para inovar em sala de aula. O modelo prescritivo presente nos modelos das ofertas formativas assim como os conteúdos que elas veiculam tratam de posicionar o professor no lugar de um indivíduo desprovido de seu saber[14], proletarizando sua função e seu ofício, uma vez que colocam o conhecimento enquanto saber nas mãos das instâncias e dos *experts* que elaboram, planejam e oferecem as formações.

Interessa-nos problematizar os modelos de formação de professores oferecidos na atualidade para localizar o lugar destinado a eles nessa relação baseada no ideal pedagógico hegemônico, marcado essencialmente pela dimensão tecnocientífica, na qual o ato de educar é compreendido como passível de ser controlado. Resta-nos discutir quais outros lugares possíveis para o professor no rol das ofertas formativas que não aquele identificado com a figura que o Estado e a sociedade lhe reservam.

Sobre a formação de professores na contemporaneidade

À luz da perspectiva psicanalítica e de algumas problematizações propostas por Hannah Arendt, temos que a educação é um ato entre sujeitos presente em todas as sociedades e culturas, e a condição para que ela subsista encontra-se no laço entre os sujeitos, inicialmente entre um adulto e uma criança. Arendt nos diz que "a educação é uma obrigação que a existência de crianças coloca a todas as sociedades humanas"[15]. Lê-se, portanto, que o ato de educar é próprio da condição humana, condição essa

---

[14] Conforme já discutido no capítulo 1.
[15] Hannah Arendt, "A Crise na Educação", *Entre o Passado e o Futuro*, 7. ed., trad. Mauro W. Barbosa, São Paulo, Perspectiva, 2016, p. 234.

que insere o bebê humano em uma história e em um mundo que o precede, que já existia antes mesmo de ele nascer.

Leandro de Lajonquière[16] assinala que educar é transmitir marcas simbólicas, o que nos leva a concluir que o fato de nascer humano não é suficiente em si para que o bebê possa se tornar parte do mundo. É preciso que um outro sujeito humano lhe transmita as marcas simbólicas da humanidade que dantes lhes foram transmitidas, um processo no qual um sujeito marca e ensina o outro a também ser um sujeito.

Não obstante o papel da educação na constituição do sujeito, as maneiras pelas quais ela se estabelece podem depender do contexto social e de uma época que envolvem diferentes configurações, organizações, referenciais e teorias. No entanto, uma instância que atravessa qualquer aspecto contingencial e é demasiadamente difundida, conhecida – por vezes, estimada e criticada –, presente em diversas sociedades e que tem por função primordial formalizar a educação é a escola. Jan Masschelein e Maarten Simons a localizam como uma invenção social com a finalidade de inserir as crianças no mundo, "o lugar onde os jovens (de acordo com um método específico) são abastecidos com tudo o que eles devem aprender para encontrar o seu lugar na sociedade"[17].

Nesse sentido, por ser uma invenção da sociedade com a finalidade de introduzir as crianças em um mundo, é de se pensar que a escola, assim como tudo o que é contemporâneo, seja atravessada por discursos e estratégias de contextos e perspectivas específicos, a depender da época,

---

16 Leandro de Lajonquière, *Infância e Ilusão (Psico)Pedagógica: Escritos de Psicanálise e Educação*, 4. ed., Petrópolis, Vozes, 2009.
17 Jan Masschelein e Maarten Simons, *Em Defesa da Escola: Uma Questão Pública* [2013], 2. ed., trad. Cristina Antunes, Belo Horizonte, Autêntica, 2018, p. 26.

certamente. Na obra *Em Defesa da Escola: Uma Questão Pública*, Masschelein e Simons se propõem a discutir (e a defender, como o próprio título anuncia) exaustivamente o papel da escola. Ao longo desse feito, apresentam e problematizam os diversos discursos e estratégias que, através dos tempos e contextos, buscaram controlar a escola e seus objetivos, bem como controlar aquele que ensina: o professor. Pela maneira como se forjam e operam, os discursos vigentes afetam e definem o que deve ser a escola, sua função, objetivos e finalidades, assim como afetam e definem quem deve ser e como deve atuar o professor.

No primeiro capítulo desta pesquisa, buscamos introduzir o advento histórico do discurso tecnocrático no campo educativo e seus possíveis efeitos no campo da formação de professores e identificamos que o modelo positivista adentrou o campo da educação e, consequentemente, da formação docente, trazendo como regra prescrições sobre a eficácia e o rendimento do saber e da prática docente. Desses discursos que visam o ajuste e o controle das ações educativas – tanto daqueles que ensinam quanto daqueles que aprendem –, alguns engendram e encampam veementemente o terreno educativo e passam a atravessar com hegemonia as relações entre os sujeitos. Sobre esse fundamental aspecto, Lajonquière[18] nos introduziu à sua elaboração a respeito do pensamento (psico)pedagógico hegemônico como aquilo que alimenta o discurso pedagógico em sua ilusão de poder regular o ato educativo ao desenvolvimento das potencialidades próprias a um sujeito definido pelo discurso da psicologia. Nessa lógica, dado que os discursos vigentes se tornam hegemônicos, alinhados às ilusões construídas em determinada época e cultura,

---

18 Leandro de Lajonquière, *Infância e Ilusão (Psico)Pedagógica*.

o que identificamos na atualidade, início do terceiro milênio, é o domínio da ideologia cientificista que embrenhou o discurso pedagógico, portando a ilusão do controle e da regulação. Tal discurso não apenas busca ajustar prescritivamente os padrões de aluno, como também – e é sobre isso que nos debruçaremos com maior profundidade – os padrões de ser professor.

E o que define o ser professor? Se optarmos por confeccionar tal definição, é possível que levemos um certo tempo em busca de uma designação precisa, dado que se pode compreender quem é professor desde seu lugar histórico, de sua posição social e contingencial, desde seu ofício e sua finalidade. Seria ele apenas o indivíduo concreto denominado professor ou poderia ser entendido também como um lugar no discurso social? Embora cada enfoque tenha sua relevância, optou-se por situá-lo a partir de noções psicanalíticas e tomá-lo não apenas como aquele que ocupa o lugar de quem ensina conceitos teóricos, de quem domina a técnica e de quem educa, também como quem ocupa uma posição discursiva. Portanto, o professor é aquele que encarna o indivíduo que ensina, mas que ensina algo a alguém, estabelecendo um laço social. Na cultura, só há professor se ele tiver a quem transmitir conhecimentos. Não há professor sem aluno.

Por meio da linguística e, mais especificamente, da psicanálise lacaniana, foi possível identificar o processo de construção e desconstrução permanente da fala e da linguagem. Lacan deixa clara a influência da linguística em sua elaboração a respeito da dimensão do significante e sua função no discurso:

> O significante é uma dimensão que foi introduzida pela linguística. A linguística, no campo em que se produz a fala, não

é algo espontâneo. Um discurso a sustem, que é o discurso científico. Ela introduz na fala uma dissociação graças a qual se funda a distinção do significante e do significado. Ela divisa o que, no entanto, parece espontâneo. É que quando falamos, isso significa, isso comporta o significado e, ainda mais, até certo ponto, isso só se suporta pela função de significação[19].

Essa dinâmica nos permite conceber que, na relação professor-aluno, ambos são efeitos do discurso. Indo um pouco além, no contexto escolar, podemos enfatizar que são efeitos do discurso pedagógico hegemônico. Um discurso que é instituído na linguagem e pela linguagem, que carrega como semblante o controle ou a totalidade que não só se estabelece na relação professor-aluno, como também durante o próprio processo de formação docente, em cuja relação discursiva o professor encontra-se no lugar de aluno. De quem deve aprender e fazer algo com o que se aprende. Enquanto estiver no lugar de aluno, lembremo-nos, estará no lugar de quem deve aprender algo com alguém que ensina.

Nesse quesito, não podemos deixar de assinalar que o ato de ensinar implica um saber relativo aos fundamentos teóricos que precisam ser ensinados, mas, se tomarmos como ponto central o professor, que ocupa um lugar no discurso à luz da teoria psicanalítica, faz-se necessário demarcar o que se entende por ensinar, que se distingue, sobremaneira, do que se entende por transmitir.

Ainda que para ambos seja necessário um saber, a posição de transmissão – e aqui tem início a questão própria da transmissão da psicanálise – vai além do processo de comunicar o saber, de dominar a técnica e conceitos da teoria.

---

[19] Jacques Lacan, *O Seminário*, Livro 2: *O Eu na Teoria de Freud e na Técnica da Psicanálise* [1985], Rio de Janeiro, Jorge Zahar, 1995, p. 42.

Ela remete a um circuito mais amplo e mais complexo que qualquer outra teoria científica. Aprender a partir da psicanálise implica uma relação com o saber, uma relação que assume a falha no saber. Recorremos a um exemplo relatado por Freud ao verificar que seus grandes mestres transmitiram-lhe aquilo que não sabiam:

> A ideia pela qual eu estava me tornando responsável de modo algum se originou em mim. Fora-me comunicada por três pessoas, cujos pontos de vista tinham merecido meu mais profundo respeito – o próprio Breuer, Charcot e Chroback. [...] Esses três homens me tinham transmitido um conhecimento que, rigorosamente falando, eles próprios não possuíam. [...] Mas essas três opiniões idênticas, que ouvira sem compreender, tinham ficado adormecidas em minha mente durante anos, até que um dia despertaram sob a forma de uma descoberta aparentemente original[20].

Essa passagem nos conta o que é transmissão para a psicanálise. Transmitir, conforme a constatação freudiana, não é direcionar o dito do que foi enunciado. Ao contrário, é responder a um conhecimento que os próprios mestres de Freud não possuíam (ou não sabiam que possuíam). Sob admiração e transferência por esses três mestres, sem mesmo compreender exatamente o que diziam, Freud fez algo com o que escutou. Adormecido em sua mente durante muito tempo, aquilo que *a priori* era da ordem do incompreensível – o nebuloso do campo do Outro – despertou sob a forma de uma descoberta original da qual Freud se apropriou, tomando-a como sua enunciação da posição de

---

[20] Sigmund Freud, *A História do Movimento Psicanalítico* [1914], Rio de Janeiro, Imago, 1996 (Edição Standard Brasileira das Obras Psicológicas Completas, XIV), p. 23.

sujeito desejante. O depoimento freudiano sobre a transmissão nos revela que esta só se realiza enquanto tal se o sujeito se apropriar do que vem do Outro – do saber (S2) – e, nessa apropriação, interrogar o saber, isto é, o impossível. Esse é o lugar de analisante, daquele que, ao desejar saber sobre o que lhe afeta, interroga o analista sobre a verdade. É um lugar onde, ao falar, o sujeito diz o que não sabe e o que não se sabe (o inconsciente).

Ao realizar uma discussão a respeito da relação psicanálise e educação e propor operadores de leitura psicanalíticos para contextualizar e problematizar questões ligadas à formação docente e aos saberes dos professores, Leny Mrech[21] deduz que existe uma espécie de convicção da maioria dos educadores – e, por que não, da própria sociedade – quanto à existência de um Outro concreto que regeria as relações entre os sujeitos. Tal ideia perpassa a lógica de que seria necessária uma certa obediência ao Outro para que os sujeitos aprendessem a respeitar as regras sociais e as leis. Nesse sentido, este Outro seria o responsável por transmitir os princípios e orientações ideais da cultura e de comportamento, fazendo com que os sujeitos soubessem exatamente o que seria esperado deles enquanto ações e atitudes. A autora parte desta afirmação para realizar a discussão sobre a problemática existente no campo da formação docente, que, por ser regida pelo pensamento (psico) pedagógico hegemônico[22], tem como pressuposto que a transmissão pedagógica fundamenta-se em um modelo de comunicação simples, pautada em uma leitura direta da linguagem e da fala, ou seja, que se baseia na certeza de

---

[21] Leny Magalhães Mrech, *Psicanálise e Educação: Novos Operadores de Leitura*, São Paulo, Pioneira, 1999.
[22] Leandro de Lajonquière, *Infância e Ilusão (Psico)Pedagógica*.

que todo conhecimento que o professor emitir será recebido integralmente pelos alunos[23]. Se é esse o modelo a imperar no discurso pedagógico, é possível levantar a hipótese de que, na relação discursiva estabelecida entre professores e alunos, os primeiros assumem a posição de Outro, com a tarefa de transmitir o conhecimento, e espera-se que os sujeitos capturem plenamente o que lhes foi delegado.

Conforme o que apresentamos anteriormente, na relação do sujeito com o Outro, o Eu – consciente do sujeito – se encontra preso à ilusão de que só é possível obter satisfação por meio do Outro, através de seu desejo e de seu reconhecimento. Nesse caso, a posição de quem aprende pode ser correlacionada à posição de assujeitamento ao Outro em busca de seu reconhecimento.

Contudo, autores da perspectiva da psicanálise e educação têm contribuído para questionar esse modelo. Atravessados pela psicanálise, muitos pesquisadores nos alertam para o fato de que toda educação tem a sua porção de impossibilidade[24]. Em outras palavras, isso significa que os objetivos planejados e as estratégias pedagógicas estabelecidas por aquele que ensina não estão garantidos de antemão. Nas palavras de Mireille Cifali: "A impossibilidade seria então fixada à finalidade, à falta de êxito quanto aos objetivos"[25]. Nesse sentido, as ocorrências e os caminhos tomados vão depender do que acontece no encontro[26]

---

23 Leny Magalhães Mrech, *Psicanálise e Educação*.
24 Ao citarmos a noção de impossibilidade, estamos mencionando indiretamente a expressão utilizada por Freud inicialmente em 1925, no texto "Prefácio à *Juventude Desorientada* de Aichhron", e, posteriormente, em 1937, em "Análise Terminável e Interminável", para se referir ao que ele, supostamente, denominou com os três ofícios impossíveis, a saber: educar, governar e (psic)analisar.
25 Mireille Cifali, "Ofício 'Impossível'? Uma Piada Inesgotável", *Educação em Revista*, vol. 25, n. 1, p. 153, abr. 2009.
26 Abordaremos a noção de encontro a seguir, no capítulo 3.

entre os dois sujeitos, justamente porque atingir ou não os objetivos pedagógicos traçados depende unicamente do sujeito que aprende e, sobretudo, por ser um sujeito efeito do discurso e não um objeto, é que a impossibilidade da educação se faz presente. Por este motivo, o ato de ensinar não é de todo controlável, pois algo frustra os planos iniciais e o resultado final é da ordem do aleatório. Entretanto, ainda que a impossibilidade do controle se faça presente insistentemente, o sonho do domínio pleno também faz a sua ronda. Cifali sutilmente satiriza essa questão: "para alguns, o espaço da educação ganharia em ser mais cercado de certezas e controlado por uma razão"[27].

Essa ilusão do controle e domínio pleno parece marcar presença nas intenções que sustentam as ofertas formativas para professores. Ainda que a lógica se apoie no discurso pedagógico hegemônico, algo do imponderável emerge no lugar do professor enquanto sujeito do inconsciente, seja na forma da queixa que denuncia a insuficiência das formações, seja na tentativa de subverter a ordem totalizante, quando os docentes assumem o protagonismo de sua formação.

Posição do professor diante da oferta formativa (ou do grande Outro?)

A arte de educar alguém se distingue sobremaneira da arte de fabricar um objeto, dado que o ato de educar implica estar aberto para a experiência do encontro. Pelo fato de o encontro envolver ao menos dois sujeitos, situa-se na ordem do imponderável. Para Mireille Cifali, o encontro é algo que "acontece entre dois seres, sem poder ser programado. Ele transforma, como num verdadeiro diálogo que

---

[27] Mireille Cifali, "Educar, uma Profissão Impossível – Dilemas Atuais", *Estilos da Clínica*, vol. 4, n. 7, p. 149, 1999.

nos deixa outros dois que nossas palavras tenham sido trocadas"[28]. Tomemos essa definição elaborada por Cifali para discorrermos a respeito do termo formação, uma vez que entendemos que formação, antes de mais nada, implica uma (trans)formação nos sujeitos envolvidos.

O termo formação, que possui uma extensa trajetória histórica e comporta uma gama de significações, tem sido regularmente utilizado nos dias atuais, especialmente no campo educativo, mas isto não significa que, ao ser empregado, ele pertença exclusivamente a um único campo semântico, como nos alerta José Sérgio Carvalho[29], podendo ser utilizado para se referir a treinamentos profissionais ou até mesmo à aprendizagem. O autor assinala a importância de olharmos para o termo formação com certa cautela, especialmente para os sentidos que ela vem ganhando nos últimos anos. Nessa linha, ele estabelece uma importante distinção entre os termos aprendizagem e formação, ideia que corrobora com a nossa proposta de aproximar a noção de encontro ao de formação, conforme a definição de Cifali, apresentada acima. Em suas palavras:

> A noção de "aprendizagem" indica simplesmente que alguém veio a saber algo que não sabia. [...] Uma aprendizagem só é formativa na medida em que opera transformações na constituição daquele que aprende. É como se o conceito de formação indicasse a forma como nossas aprendizagens e experiências nos constituem como um ser singular no mundo[30].

---

28 *Idem*, p. 144.
29 José Sérgio Carvalho, *Por uma Pedagogia da Dignidade: Memórias e Reflexões sobre a Experiência Escolar*, São Paulo, Summus, 2016.
30 *Idem*, p. 101.

De acordo com o autor, apesar de toda formação envolver aprendizagens, nem tudo o que é aprendido gera uma transformação. Nesse sentido, ele segue:

> Uma experiência torna-se formativa pelo seu caráter *afetivo*. [...] Trata-se, pois, de um *encontro* entre um evento, um objeto da cultura e um sujeito que, ao se aproximar de algo que lhe era exterior, caminha em direção à constituição de sua própria vida interior. Por esse caráter de encontro constitutivo, os resultados de uma experiência formativa são sempre imprevisíveis e incontroláveis[31].

De maneira parecida, Jan Masschelein e Maarten Simons também sinalizam a importância de se distinguir formação de aprendizagem, pois entendem que a formação não é um processo que ocorre externo às disciplinas curriculares e ao projeto educacional. Para os autores, a aprendizagem "envolve o fortalecimento ou ampliação do eu já existente, por exemplo, por meio da acumulação de competências ou da expansão da base de conhecimento do indivíduo [...] implica uma extensão do próprio mundo da vida do indivíduo, acrescentando algo", ao passo que a formação consiste em "sair constantemente de si mesmo ou transcender a si mesmo – ir além do seu próprio mundo da vida por meio da prática e do estudo"[32].

Sob uma ótica semelhante, Lajonquière revela que a perspectiva psicanalítica nos autoriza a afirmar que o que se aprende – independente da aprendizagem ocorrer no contexto escolar ou fora dele – é o que verdadeiramente prende o sujeito. "Em suma, o sujeito aprende aquilo que

---

[31] *Idem*, p. 101, grifos do original.
[32] Jan Masschelein e Maarten Simons, *Em Defesa da Escola*, p. 54.

o apreende"[33]. Esse processo acontece sem que o sujeito possa se dar conta, uma vez que o que o "prende" não são os conhecimentos concretos propriamente ditos, e sim o desejo em causa na transmissão. A presença do desejo de quem ensina, o que, de acordo com os preceitos psicanalíticos já anteriormente discutidos, não é algo que possa ser representado por alguma competência técnica instrumental passível de ser aprendida. O desejo em causa no ato de transmissão docente excede as finalidades de qualquer curso de formação de professores.

A recente pesquisa *Formação de Professores em Tempos de Educação Inclusiva*, liderada por Rinaldo Voltolini[34], buscou tematizar e problematizar as questões oriundas da formação docente. Pautada na perspectiva da psicanálise e educação, a proposta da pesquisa – que visou escutar professores que se dispuseram a falar de suas práticas, bem como de seus impasses – fez entrar a psicanálise na reflexão pedagógica, de modo que foram tecidas considerações críticas a respeito do discurso pedagógico sustentado pelo paradigma tecnocrático. Este cenário só foi possível porque a escuta de professores permitiu a presença do sujeito do inconsciente na cena educativa em um espaço de escuta autêntica, fazendo furos no discurso tecnocrático e dando-lhe novos sentidos. Nas palavras de Voltolini:

> Tratava-se, para nós, de fazer funcionar um outro modelo, de intervenção grupal, inspirado na psicanálise, com o fim de dar espaço a uma palavra plena, não amputada pela

---

[33] Leandro de Lajonquière, "Quando o Sonho Cessa e a Ilusão Psicopedagógica nos Invade, a Escola Entra em Crise. Notas Comparativas Argentina, Brasil, França", *Educação Temática Digital*, vol. 21, n. 2, p. 301, 2019.

[34] Que resultou na publicação *Psicanálise e Formação de Professores: Antiformação Docente*.

prescrição de papéis e que subordinar o conhecimento a ser adquirido na formação à exposição de situações-problema trazidas por ele: *do sofrimento ao enigma, do enigma ao conhecimento,* esta foi nossa premissa de trabalho[35].

Portanto, Cifali[36], Carvalho[37], Masschelein e Simons [38], Voltolini[39] e Lajonquière[40] nos mostram que formação, no sentido *stricto sensu* do termo, pretende uma transformação daquilo que já se conhece, é marcada pelo teor afetivo e possui um caráter de imprevisibilidade sobre o que o sujeito fará com aquilo que aprende. Portanto, não é apenas um acúmulo de informações e tampouco a substituição e renovação do velho conhecimento pelo novo. O que os autores nos trazem é que a formação é uma experiência que implica um ato entre dois sujeitos e a presença do desejo em causa.

Nesse sentido, a presença da psicanálise no diálogo com a educação contribuiu sobremaneira para a discussão da formação de professores, uma vez que ela nos convida a olhar com atenção para a perda da eficácia simbólica presente nos modelos de formação docente. A possível contribuição da psicanálise ao campo pedagógico, nas palavras de Voltolini, "[...] é algo semelhante ao que no campo filosófico se convencionou chamar de influência heurística, capacidade de jogar luz – *eureka* – no outro campo, de mobilizar, portanto, questões pungentes, ajudando a evitar o sono

---

[35] *Idem*, p. 13.
[36] Mireille Cifali, "Educar, uma Profissão Impossível – Dilemas Atuais".
[37] José Sérgio Carvalho, *Por uma Pedagogia da Dignidade.*
[38] Jan Masschelein e Maarten Simons, *Em Defesa da Escola.*
[39] Rinaldo Voltolini, "Formação de Professores e Psicanálise"; *Psicanálise e Formação de Professores.*
[40] Leandro de Lajonquière, "Quando o Sonho Cessa e a Ilusão Psicopedagógica nos Invade, a Escola Entra em Crise".

dogmático"[41]. Além do mais, a psicanálise encontra-se fora da lógica da eficácia e do rendimento, lógica que marca e define as relações sociais contemporâneas e, consequentemente, os modelos e propostas de formação de professores.

A "boa" formação de professores como produtora da relação de alienação entre os docentes e os saberes

Seguindo a linha do discurso pedagógico hegemônico, na atualidade, banhado pelo ideal tecnocientífico, a crença dos dirigentes – sejam estatais ou de parceiros – que definem o objeto e/ou conteúdo a ser estudado e aprendido pelos professores é a de que eles teriam a "'resposta certa' que satisfaria aos educadores. Uma resposta para retirá-los do ponto de paralisação em que se encontram"[42]. As instâncias que oferecem formação aos professores, sejam os dirigentes estatais, sejam fundações articuladas ao Estado, estão em relação direta a eles e se colocam no lugar de quem sabe o que eles precisam. Ao se posicionarem como detentores do saber, colocam-se no lugar de quem guarda as respostas sobre o ensinar.

A despeito de sua perspectiva teórica, Maurice Tardif reforça essa ideia ao dizer que o corpo docente não participa das definições e da seleção dos saberes que tanto a universidade quanto a escola transmitem, ficando essa

---

[41] Rinaldo Voltolini, *Psicanálise e Formação de Professores*, p. 27.
[42] Leny Magalhães Mrech, *Psicanálise e Educação*, p. 38.

função a cargo dos dirigentes, universidades e formadores universitários. Ele destaca:

> A relação que os professores mantêm com os saberes é de "transmissores", de "portadores" ou de "objetos de saber", mas não de produtores de um saber ou de saberes que poderiam impor como instância de legitimação social de sua função e como espaço de verdade de sua prática. Noutras palavras, a função docente se define em relação aos saberes, mas parece incapaz de definir um saber produzido ou controlado pelos que a exercem[43].

Embora baseados em perspectivas teóricas distintas, a partir das colocações feitas por Tardif[44] e Mrech[45] é possível entender que os saberes disciplinares transmitidos pelos professores estão em uma posição externa à prática docente. Ou seja, os supostos saberes encontram-se naquilo que aparentemente se posiciona como o lugar dos "tesouros do significante". As instâncias formadoras assumem o lugar do Outro no discurso pedagógico, tecem posições simbólicas para o professor determinando a sua posição, no que Mrech denominou por alienação no saber em cuja estrutura o sujeito se encontra desprendido – alienado – do saber, "Nas estruturas de alienação no saber o pensamento que se estabelece é como se estivesse acéfalo, isto é, fosse independente dos sujeitos"[46]. Nessa concepção, os professores são vistos como meros executores técnicos, e a finalidade de

---

[43] Maurice Tardif, *Saberes Docentes e Formação Profissional*, p. 40.
[44] *Idem, ibidem*.
[45] Leny Magalhães Mrech, *Psicanálise e Educação*.
[46] Leny Magalhães Mrech, *O Espelho Partido e a Questão da Deficiência Mental em seu Vínculo com as Estruturas de Alienação no Saber*, São Paulo, Instituto de Psicologia, Universidade de São Paulo, 1989 (Tese de Doutorado), p. 38.

seu ofício centra-se na transmissão de saberes sem relação com o sujeito que ensina.

Sobre isso, Mrech salienta:

> São as estruturas de alienação no saber que reificam os lugares do discurso pedagógico: o lugar do professor e o lugar do aluno. Elas podem ser encontradas no âmbito da própria linguagem. Elas se compõem de hábitos, repetições, estereótipos, cláusulas obrigatórias e palavras-chave. Elas estruturam o pensamento do sujeito[47].

Tardif parece coadunar com essa ideia ao afirmar que os saberes científicos e pedagógicos que compõem o campo da formação docente dominam e determinam a prática docente, mas não são oriundos dela. Em suma, um dos princípios em jogo na lógica da formação docente está no fato de que os professores não apenas são colocados em uma posição de alienação no saber, por meio da qual eles executam e praticam saberes que não produzem e nem mesmo controlam. "Levando isso ao extremo, poderíamos falar aqui de uma relação de alienação entre os docentes e os saberes."[48]

Nesse sentido, os cursos de formação continuada focam no que acreditam ser o que falta aos professores: informação, como se fosse apenas um déficit de conteúdo. Essa concepção de que aos professores faltam informações e conteúdos para que possam ensinar com qualidade remetem à mesma perspectiva: a da ignorância. Leny Mrech[49] destaca que a crença educativa é de que o professor, por não

---

[47] *Idem*, p. 38.
[48] Maurice Tardif, *Saberes Docentes e Formação Profissional*, p. 42.
[49] Leny Magalhães Mrech, *Psicanálise e Educação*.

ter o saber, precisa obtê-lo por meio de mais – e novas – (in)
formações ou propostas formativas. Segundo a autora, os
professores universitários que trabalham com formação e os
pesquisadores em educação têm dado resposta imediata a
essas questões. Em suas palavras: "Falta informação. É apenas uma questão de conteúdo. [...] Trata-se de um problema
de formação. É preciso que o professor aprenda a aprender"[50].

Essa lógica estabelecida entre as instâncias que determinam os saberes pedagógicos e a ignorância permanente
do professor nos remete à obra *O Mestre Ignorante: Cinco
Lições sobre a Emancipação Intelectual*, do filósofo francês
Jacques Rancière. O feito retrata a figura do mestre explicador como aquela que tudo sabe e está sempre a ensinar
ao aluno que nada sabe, uma dinâmica que parece seguir
a ordem voltada a reduzir a distância entre os que sabem e
os que ignoram. Tal lógica apresentada por Rancière determina a igualdade como o objetivo a ser alcançado, ou seja,
aos que nada sabem basta que sejam instruídos por quem
tudo sabe, o que ele chama de *a ordem explicadora*:

> A lógica da explicação comporta, assim, o princípio de uma
> regressão ao infinito: a reduplicação das razões não tem jamais razão de se deter. O que detém a regressão é [...] que o
> explicador é o único juiz do ponto em que a explicação está,
> ela própria, explicada[51].

A ordem explicadora determina que o único responsável por avaliar se o conhecimento de fato chegou ao aprendiz é o próprio explicador, que tentará verificar se aquilo

---

50 *Idem*, p. 89.
51 Jacques Rancière, *O Mestre Ignorante: Cinco Lições sobre a Emancipação Intelectual*, 2. ed., Belo Horizonte, Autêntica, 2019, p. 21.

que transmitiu pode ser fielmente reproduzido pelo outro, almejando anular qualquer distância entre aprender e compreender. Seguindo nessa linha, o aprendiz está submetido ao saber do mestre explicador e encontra-se reduzido à sua ignorância. É necessário que o aluno compreenda, e para isso o mestre deve fornecer-lhe explicações. Em outras palavras, o aprendiz somente compreenderá se o mestre lhe explicar, caso contrário, permanecerá em sua própria ignorância, sendo desconsiderado em qualquer possibilidade de inteligência. Para o autor, essa lógica é entendida como a "pedagogia da explicação", a qual evidencia que a arte do mestre explicador situa-se na distância entre o saber do mestre e a ignorância do aluno; essa lógica implica, além da desigualdade, a submissão à inteligência daquele que explica e uma certa passividade no ato de acesso a um saber.

A lógica das formações docentes parece operar de maneira similar àquela sobre a qual discorre Rancière a respeito do mestre explicador. Aos professores que pouco – ou nada – sabem sobre as novas técnicas e instrumentos pedagógicos, fornece-se mais conhecimentos que possam suprir a falta. Explica-lhes como devem ensinar e como atuar. A "boa" formação docente seria então aquela que fornece todo o saber a fim de reparar a formação deficitária do professor.

Portanto, o discurso pedagógico hegemônico, conjuntamente com a lógica tecnicista e instrumental, entende o professor como desprovido de saber. Lacan[52] nos diz que o sujeito desprovido de saber é o verdadeiro sujeito da ciência, um sujeito abstrato, sem nome, sem história, sem desejo, os *astudados*, um joguete entre os termos estudantes e o *objeto a*, criado por Lacan para se referir aos que

---

52 Jacques Lacan, *O Seminário*, Livro 17: *O Avesso da Psicanálise*.

precisam estar ali, sem se transformarem, para que se continue a produzir algo.

Nessa linha, temos a lógica da formação docente que posiciona o professor no lugar de quem não tem implicação com a sua formação. Uma formação que nada quer saber sobre o sujeito do inconsciente, que pretende apenas que o professor opere a máquina do ensinar. Mas não de qualquer maneira. Que a opere com qualidade e excelência, sem furos, sem falhas e sem imprevistos.

Dada essa configuração discursiva, interrogamo-nos: *o que faz com que os professores sejam posicionados, muitas vezes, no lugar de alienação de saber?*

Diante do exposto a respeito da constituição do sujeito, introduzimos o que Lacan[53] apresenta sobre as operações de causação do sujeito: alienação e separação. O sujeito só existe na medida em que se deixa moldar pelas palavras do Outro, pois é por meio da sujeição ao Outro que ele poderá ser. E, para que o sujeito possa falar por si, é preciso que ocorra um segundo momento, denominado *separação*. Para que essa operação se concretize, o Outro – guardião dos significantes – precisa apresentar sinais de falta e de incompletude, apresentando-se como um sujeito do desejo, portanto, faltante. Retomando o que nos aponta Bruce Fink[54], no processo da *separação* encontramos um Outro que nem sempre está consciente daquilo que deseja, e o que deseja pode ser ambíguo e contraditório. Frente ao Outro incompleto, o sujeito poderá se desalienar do saber e das palavras deste Outro para poder falar por si e embarcar em uma existência simbólica própria. É somente por meio da operação

---

[53] Jacques Lacan, *O Seminário, Livro 11: Os Quatro Conceitos Fundamentais da Psicanálise.*
[54] Bruce Fink, *O Sujeito Lacaniano*, Rio de Janeiro, Jorge Zahar, 1998.

de separação, quando o sujeito percebe que o Outro não é absoluto e pleno, que poderá indagar-se sobre o desejo.

Para Lacan, a relação com o Outro se estrutura a partir da criação de um determinado laço social. Segundo ele, através dos laços sociais os sujeitos acabam por entificar o Outro e passam a acreditar na sua existência concreta, estabelecendo relações como se o Outro fosse o representante do sistema de leis e regras, o Outro que sabe mais, ou mesmo o Outro que censura e critica o sujeito[55].

O que vemos ocorrer na relação dos professores com os supostos responsáveis por sua formação é que, ao assumirem a responsabilidade pela formação e determinarem o que deve ser ensinado aos professores, o Estado e seus parceiros ocupam o lugar de Outro no discurso. Mas não o Outro do desejo, que deixa ver sua incompletude, e sim um Outro absoluto. Nessa relação discursiva, o sujeito do inconsciente é deixado de fora, o Outro ocupa o lugar de representante das leis e determinações externas sobre como o Eu deve agir. Em outras palavras: sobre como os professores devem ensinar.

Nas conversas com professoras e professores, encontramos algumas falas que revelam a posição das instâncias formativas como o Outro que detém o saber axiomático sobre o que os professores devem aprender para aplicar na prática pedagógica:

> Mas isso às vezes cansa muito e eu digo do lugar do professor da escola pública. Cansa bastante porque às vezes *parece que você não sabe fazer o seu trabalho* e as pessoas *falam em um nível muito distante*. "Ai, tem que fazer isso, tem que fazer aquilo"[56].

---

[55] Leny Magalhães Mrech, *Psicanálise e Educação*.
[56] Trecho de entrevista com a professora Eliana, grifos nossos.

Vemos na fala de Eliana a identificação com o lugar do não saber. Um lugar atribuído pela instância formadora – o Estado – a definir o que e como deve ser o trabalho pedagógico em sala de aula. Ao afirmar que parece não saber fazer o seu trabalho, ela se refere ao esvaziamento do saber do professor. Essa lógica, presente nos modelos das ofertas formativas, posiciona o professor no lugar do proletário, conforme o que foi discutido no primeiro capítulo deste estudo, gerando uma "desapropriação de seu saber"[57].

Reconhecemos na fala da professora Cristina a mesma identificação com o lugar de esvaziamento do saber e de reprodução da técnica pedagógica prescrita pelas instâncias formadoras:

> Eu sinto assim, que eles acham que *nós somos robozinhos* que ele dá a corda e faz aquilo que tem que fazer ali naquele tempo que a corda foi dada. Ele não respeita a *formação do professor, a vivência do professor* e a realidade de cada escola[58].

Ao dizer que consideram os professores "robozinhos" [*sic*], além de sinalizar para o fato das formações focarem em um aprender concreto e prescritivo que prevê uma reprodução e aplicação dos conteúdos e estratégias de forma controlada e regulada, Cristina também aponta para a lógica da transmissão que nada quer saber do professor-sujeito do inconsciente, pois reconhece que não há interesse em escutar os professores em suas necessidades ou em (re)conhecer a realidade de suas vivências.

Constata-se, por meio das falas das duas professoras, que a estrutura das ofertas formativas parte do princípio

---

[57] Rinaldo Voltolini, *Psicanálise e Formação de Professores*.
[58] Trecho de entrevista com a professora Cristina, grifos nossos.

de que ao professor deve-se fornecer o máximo de conhecimentos e informações necessárias para que sua prática pedagógica não deixe nada a desejar – nem mesmo o próprio professor. Conforme nos diz Tardif[59], os saberes transmitidos pelas instituições formadoras não deveriam fornecer respostas prontas nem os "modos de fazer" em sala de aula, uma vez que o saber técnico não garante o controle pleno da situação pedagógica. Temos, novamente, que, ao assumirem a posição do Outro que tudo sabe, as instâncias formadoras posicionam o professor-sujeito no lugar de não saber, obstaculizando a possibilidade de indagar-se sobre o seu fazer educativo. Na posição de Outro absoluto, determinam que, para melhor operação da máquina, basta fornecer explicações. Mais conteúdos precisos a fim de alcançar a eficácia e os melhores padrões de desempenho.

Vemos na fala de Cristina um reforço à questão de os professores não serem escutados em suas necessidades, tendo somente que cumprir com as imposições das instâncias formadoras. Estas, ao deixarem de fora a dimensão do professor-sujeito do inconsciente, tensionam a distância entre o que é ensinado na teoria e o que acontece na prática cotidiana:

> Eu acho que esse é o *grande problema da formação* hoje do governo para o professor de escola pública exatamente. Eles inseriram um sistema para a gente, que eu falo "goela abaixo", *você não tem nem opção de opinar*, se você quer usar ou não. *Você tem que seguir o que ele te determina.* [...] Você fica engessado naquilo. [...] Mas ainda falta muito porque *a realidade* que nós temos na escola *é tão diferente* do que, às vezes, *eles colocam lá na formação*. Muito diferente[60].

---

59 Maurice Tardif, *Saberes Docentes e Formação Profissional*.
60 Trecho de entrevista com a professora Cristina, grifos nossos.

Identificamos, nas falas de outros docentes entrevistados, questões semelhantes a respeito da escolha dos conteúdos que são transmitidos nas formações, que muitas vezes estão em descompasso com a realidade dos professores. Reafirma-se, portanto, que tal desalinho parece ocorrer porque os professores não são escutados naquilo que precisam para aprimorar a prática em sala de aula. A definição dos conteúdos é estruturada em acordo com as ideologias políticas contemporâneas, seja devido a algum programa que precisa ser implementado ou a alguma mudança ocorrida no cenário educacional:

> Olha, os cursos que a rede disponibiliza são cursos da EFAPE[61] na maioria na modalidade EAD. Alguns cursos ficam muito *no campo teórico* e, às vezes, eu falo assim: "nossa, *isso daqui não agrega porque não vejo isso na prática*". Por exemplo, *educação integral*, que o Estado de São Paulo tem o programa de escolas de período integral. Na verdade, *você não vê isso na prática*. Eu fiz o curso, achei o curso muito bacana, porque já traz aquilo que também já vem discutindo na faculdade que é sobre educação integral. Contudo, *não é algo que está no chão da escola, é só uma ideia que está em todos os documentos* do Estado de São Paulo, mas não está na prática [...][62].

A fala de Marcelo nos leva a refletir sobre a posição do *mestre explicador*, já exposto anteriormente. A escolha do conteúdo a ser transmitido é feita pelo mestre que detém o saber sobre o que o aprendiz, em sua ignorância, deve aprender. Essa lógica sustenta a distância entre o saber do

---

[61] Escola de Formação e Aperfeiçoamento dos Profissionais da Educação do Estado de São Paulo.
[62] Trecho de entrevista com o professor Marcelo, grifos nossos.

mestre e a falta de saber do aluno. Em analogia à lógica da formação docente, quem define o que os professores devem saber não são os professores, e sim os universitários, os *experts* que encabeçam as instâncias formadoras. A título de exemplo, a boa nova da vez é o Programa de Ensino Integral (PEI), que visa aos interesses políticos e sociais[63]. Desse modo, pouco interessa se são saberes que vão ao encontro da necessidade dos professores e da prática docente, o que importa é que os professores

---

[63] De acordo com a Nota Técnica sobre o Programa de Ensino Integral (PEI), de 17 de junho de 2021, "os principais argumentos do governo estadual em defesa do PEI são: a) As escolas que aderiram ao Programa apresentam resultados educacionais nas avaliações padronizadas superiores à média da rede estadual de educação; b) O PEI oferece melhores condições de trabalho, com o pagamento de gratificação de dedicação exclusiva, correspondente a 75% do vencimento base dos profissionais do magistério". Entretanto, "desde 2016, temos realizado pesquisas buscando compreender as implicações da implementação do PEI na rede estadual paulista e verificado que os argumentos apresentados pela Seduc-SP são apenas uma parte da realidade, sendo fundamental analisar os impactos do PEI no aumento das desigualdades educacionais e socioespaciais em todo o território paulista" (disponível em: https://3c60c040-0201-4188-bfd9-ddc-208c6ad1a.filesusr.com/ugd/9cce30_30e9aa16757e4fb7bd27d9d239b1a195.pdf Acesso em 22 jul. 2022). Em matéria publicada pela revista online *Carta Capital*, em 15 de outubro de 2019, Ana Luiza Basilio destaca que: "Uma das diretrizes do PEI é ampliar a carga horária na escola para até nove horas e meia por dia. Nas escolas regulares, o tempo de permanência é de cinco horas. O governo defende que a ampliação do tempo associada a uma matriz curricular diferenciada é necessária para contribuir com a aprendizagem dos estudantes, medida por avaliações externas, além de aumentar a empregabilidade e a renda deles. A ampliação do tempo na escola deve ser considerada na perspectiva da educação integral, que prevê a formação integral dos sujeitos em suas dimensões – intelectual, física, emocional, social e cultural. O modelo, inclusive, é uma das metas do Plano Nacional de Educação e entendido como uma das estratégias para diminuir as desigualdades da educação pública brasileira. A questão é que a oferta do Estado não dialoga com esse conceito propriamente e apresenta uma visão mais tecnicista do processo de ensino aprendizagem, não consolidando a política para a igualdade de direitos" (disponível em: https://www.cartacapital.com.br/educacao/por-que-as-escolas-estaduais-de-sp-resistem--a-educacao-integral Acesso em 19 dez. 2022). Para dados oficiais da Seduc-SP sobre o PEI, ver: https://www.educacao.sp.gov.br/pei Acesso em 19 dez. 2022.

desconhecem esse novo imperativo e, portanto, devem aprendê-lo. Preenchem o vazio com o novo conhecimento: informam sobre o novo conceito e explicam como se deve aplicá-lo na prática educativa com a finalidade de suprir o que estava deficitário. Dinâmica que supostamente visa garantir que a qualidade do ensino atinja novas metas que correspondam aos interesses que não dos professores. O descompasso entre a oferta e a necessidade é justamente o resto de uma equação que não fecha. Isso porque o que se oferece não é o que se pede. O objetivo da formação é fornecer todo o saber para restaurar a formação insuficiente do professor.

De maneira interessante, ao passo que alguns relatos nos revelam a distância entre a teoria e a prática, conforme nos conta Marcelo, nota-se também uma espécie de queixa quando a formação não apresenta "receitas prontas". A fala da Vanessa deixa evidente a frustração, ao apontar que o curso não atendeu às necessidades práticas que ela buscava:

> [...] e sendo muito honesta nesse caso específico que eu senti, foi que a gente entende que o autismo é um espectro amplo e que cada criança tem a sua demanda e suas características específicas. Então eu senti que *foi muita teoria*, muita explicação daquela de "ah, cada autista é único, assim como cada criança é única, e você tem que conhecer o seu aluno e tem que adaptar tudo para ele" e aí eu senti que *eu fiquei na mesma*, honestamente, eu *continuei com as mesmas dúvidas*[64].

No exemplo acima, Vanessa expõe que o curso, específico para a aprendizagem de crianças com autismo [*sic*],

---

64 Trecho de entrevista com a professora Vanessa, grifos nossos.

não lhe forneceu as pistas para ensinar o seu aluno. Aqui, o que se torna mais evidente não é tanto a distância entre a teoria e a prática, mas a busca da professora por um modelo formativo que reproduzisse o paradigma *conceitual-instrumental* cujo cerne prescritivo impera no contexto das formações reparatórias: "eu precisava de exemplos de casos que funcionam, de metodologias que funcionam, de uma coisa mais prática"[65].

A professora Gisele também nos conta sobre a distância entre teoria e prática presente em um dos cursos de formação continuada do qual participou. Contudo, a questão que surgiu para ela não foi a contradição teoria *versus* prática, e sim a de um curso pautado na didática e na prática pedagógica que, ainda assim, não contribui para a sua experiência com os seus alunos:

> Então foi muito complicado, sabe? Eu ver uma coisa ali no curso, que era um *curso superprático*, não era cheio de textos acadêmicos, tinha muitos vídeos de aulas reais *e eu não conseguia aplicar.* [...] Então isso era *bem frustrante*[66].

Identificamos, por meio dos depoimentos de Vanessa e Gisele, um dilema presente na queixa de professores frente às formações. Ora as queixas se dirigem à distância entre a teoria oferecida e o que ocorre na prática, ora denunciam a insuficiência das formações, pois não mostram o "caminho das pedras" da prática educativa. O dilema apontado nos leva a supor que a queixa dos professores insiste em aparecer independente do conteúdo e do modelo da oferta formativa – seja ela garantida pelo Estado ou não –, pois ela

---

[65] *Idem.*
[66] Trecho de entrevista com a professora Gisele.

parece denunciar que a lógica das formações não atende plenamente aos pedidos e às necessidades docentes.

Vemos na fala da professora Ana Luísa o reconhecimento da intenção que subjaz às ofertas formativas, pautada nos interesses políticos e sociais. A professora se refere aos "modismos pedagógicos" presentes nas formações de professores, renovados continuamente, e menciona os conceitos do pedagogo francês Célestin Freinet (1896- -1966) como exemplo, o que nos leva a pensar que a profissão dos professores se constitui intimamente ligada aos fins governamentais:

> [...] é que essas ideias, elas vão tomando outra *tensão ideológica*. Porque quando Freinet era um indivíduo ligado a uma escola libertária, pedagogia libertária anarquista, se você pegar hoje aquelas ideias, elas estão adaptadas para um *objetivo de mercado*. Então é o fazedor, é o empreendedor, não é aquela criatividade que o Freinet queria libertadora, mas é uma criatividade voltada para o empreendedorismo. Então o que eu vejo é *um direcionamento ideológico de ideias pedagógicas* que não são novidade, mas são apresentadas como sendo[67].

A fala de Ana Luísa também nos direciona para a discussão sobre o lugar do Outro que determina o que se deve ensinar nas formações de professores. As instituições formadoras, tanto públicas como privadas, parecem atuar de acordo com as contingências, sejam elas sociais, culturais ou políticas. Seguem, portanto, os interesses vigentes de uma época. Independente da bandeira defendida, o fim é munir os professores daquilo que se acredita que lhes falta,

---

[67] Trecho de entrevista com a professora Ana Luísa, grifos nossos.

reproduzindo no campo da formação de professores o que se produz na ilusão (psico)pedagógica presente no discurso pedagógico hegemônico: a crença de que ao regular os conteúdos a serem ensinados às (hipotéticas) necessidades dos aprendizes, tem-se o ajuste preciso para a eficácia da educação. E, por bandeiras defendidas, entende-se as diferentes teorias e princípios que melhor atendem às necessidades dos sistemas de governo.

O professor Fernando parece compartilhar das mesmas impressões sinalizadas pela professora Ana Luísa:

> Então a maioria dos cursos que eu faço inclusive, são cursos que eu pago ou que eu procuro fora, porque *há um problema*, porque a oferta de cursos não é grande, é pouca, os HTPCs[68] não são tão formativos assim e *quando tem a formação existe um padrão ideológico*, então eles acabam seguindo mais para a *ideologia, para o pensamento da rede municipal,* e priva um pouquinho... entre aspas... priva um pouquinho a gente de pensar fora da caixa[69].

No trecho acima, identificamos mais uma vez que a definição dos conteúdos e pressupostos a serem transmitidos aos professores segue as intenções de governo e de uma época. Evidencia-se, portanto, uma das facetas do campo da formação docente, que buscamos apresentar e discutir no primeiro capítulo deste estudo e que chamamos de racionalidade técnica. Esta revela que a seleção e a definição das finalidades a serem atingidas em determinado

---

[68] Horário de Trabalho Pedagógico Coletivo (HTPC) é o tempo estabelecido na escola, com o intuito de reunir professores e coordenadores para planejamento de aulas, discussão, análise e proposição de soluções que possam atender às necessidades educacionais coletivas.

[69] Trecho de entrevista com o professor Fernando, grifos nossos.

momento, assim como os métodos e estratégias necessários para atingi-las, ficam a cargo dos interesses e intenções políticas representadas pelos cursos de formação. As ações políticas buscam quitar os déficits da qualidade da educação, por meio de reformas curriculares e de mudanças constantes nas modalidades e nas técnicas prescritas.

Por outro lado, Fernando deixa claro que a maioria dos cursos que faz não são os oferecidos pelo Estado, e sim os que busca por vontade própria, pois sente que os primeiros não atendem às necessidades de sua prática. Por meio dessa fala, ele explicita o seu lugar enquanto professor-sujeito, colocando-se como protagonista do seu percurso formativo. Muitos dos professores entrevistados evidenciaram suas posições ativas e autorais diante de suas formações, ao se posicionarem como protagonistas das escolhas que melhor atendem às necessidades de suas práticas pedagógicas. Abordaremos esse aspecto com maior profundidade no capítulo sobre desejo e demanda na formação docente.

Nesse sentido, reconhecemos que os operadores psicanalíticos contribuem para a nossa leitura a respeito do que acontece no contexto da formação docente, pois se mostram como importantes instrumentos que nos auxiliam a (re)pensar os diferentes contextos humanos por meio de outras lentes.

Retomando a lógica das formações, é pelo fato de o Outro ser incompleto que as falhas na formação acontecem. É impossível educar em plenitude, pois é impossível saber exatamente o que o outro deseja. O que o outro precisa[70]. Dado que este Outro que ensina também é um

---

[70] Entendemos que é necessário planejar o molde de uma formação e de que maneira ela será oferecida. Desse modo, o próximo capítulo apresentará de que modo as formações, ao menos no contexto brasileiro, são organizadas e planejadas.

sujeito incompleto, ele não possui a resposta do sujeito. Não possui porque não é possível saber exatamente o que o outro necessita. Em outras palavras, as instâncias formadoras, por mais que tentem impor o saber que falta aos professores, esbarram na impossibilidade do controle pleno. Vão de encontro à impossibilidade de atender plenamente o que pede o sujeito. Esse é o ponto-chave para discutirmos a queixa docente, que denuncia justamente a impossibilidade da Educação e, consequentemente, da formação.

Em síntese, as professoras e professores narraram experiências com suas formações e, de certa maneira, contribuíram para corroborar alguns aspectos levantados neste capítulo. Identificamos em suas falas a lógica das formações docentes que tentam posicionar o professor no lugar de quem não tem implicação com a sua formação. Uma formação que nada quer saber sobre o sujeito do inconsciente, que pretende apenas que o professor opere a máquina do ensinar. Mas, de modo interessante, veremos que a tentativa de impor aos professores o saber necessário ao seu ofício acaba sendo falha. E, mais adiante, também veremos que todos os entrevistados se mostraram como sujeitos, subvertendo a lógica totalizante das formações, ao apresentarem-se como professores-sujeitos implicados em seus percursos formativos.

3 O Neoliberalismo e suas Implicações na Formação Docente

> *"[...] para uma sociedade que proclama que a satisfação do consumidor é seu único motivo e seu maior propósito, um consumidor satisfeito não é motivo, nem propósito, mas uma ameaça mais apavorante".*
>
> **Zygmunt Bauman**

O campo educativo vem sendo frequentemente afetado pelo contexto contemporâneo em cujo bojo reconhecemos o predomínio da técnica e do método. Tal contexto gera um movimento de construção do saber pedagógico pautado nas premissas científicas, tornando-o um saber especializado e científico. Carolina Fanizzi nos diz que esta conjuntura permite que se crie "uma lógica na qual se torna imperativa ao professor a constante atualização de sua formação [...] por meio de cursos que ofereçam saberes técnicos e *científicos* acerca do ensino e da aprendizagem"[1]. Conforme apresentado no primeiro capítulo deste estudo, as incessantes

---

1 Carolina Fanizzi, "A Docência sob a Hegemonia da Dimensão Técnica e Metodológica do Discurso Educacional", *Educação e Sociedade*, vol. 40, p. 6, 2019, grifos do original.

ofertas de formação docente firmam-se nos saberes que visam garantir que o professor domine a técnica de como atuar, como promover, como desenvolver e como propor um trabalho pedagógico de qualidade e operam numa lógica de oferta das pedagogias cada vez mais modernas e inovadoras.

Retomaremos alguns pontos levantados no início desta pesquisa a respeito do contexto da formação de professores para discutirmos algo que parte da ideologia neoliberal e da lógica capitalista de que "tudo tem seu preço; logo, tudo é passível de ser comprado, avaliado"[2] que muito tem afetado o campo educativo, para alcançarmos o que Jacques-Alain Miller e Jean Claude Milner nomeiam "problema-solução"[3], uma lógica discursiva também presente no contexto da formação docente, que busca solucionar os problemas oriundos do campo educativo por meio de ofertas formativas. Realizaremos um breve exame a respeito do neoliberalismo a fim de subsidiar a discussão da dinâmica que busca reparar a "má-formação inicial" com as infindáveis formações ditas continuadas, como veremos mais adiante.

O contemporâneo império do neoliberalismo

Não é de hoje que o campo da educação vem sendo tomado por palavras de ordem que oferecem um "tom" específico

---

[2] Jorge Forbes, "Prefácio", em Jacques-Alain Miller e Jean-Claude Milner, *Você Quer Mesmo Ser Avaliado?*, p. ix.

[3] Jacques-Alain Miller e Jean-Claude Milner, *Você Quer Mesmo Ser Avaliado?*

a este contexto. Produtividade, competências, qualidade total, modernização da escola, novas linguagens digitais, pesquisas utilitárias, *labmaker*, metodologias ativas, gamificação, entre outros, são imperativos presentes no cenário educacional atual. A despeito do que essas novidades possam apresentar e contribuir para as estratégias de ensino e aprendizagem, tais imperativos imprimem uma forma particular de compreender os processos educacionais que se pauta em métodos de garantia da qualidade – assim como o seu controle, como veremos – decorrentes do chamado discurso neoliberal. Mas o que seria o discurso neoliberal e de que maneira ele se articula com a formação de professores?

Antes de estabelecermos as relações entre a ideologia neoliberal e o campo educativo, é preciso enfatizar a importância teórica e política de se compreender o neoliberalismo como um processo complexo de construção histórica e hegemônica. Tomaremos como ponto de partida uma proposta de leitura para entender esta ideologia apresentada por Alfredo Veiga-Neto, que nos convida a olhá-lo através da lente do *ethos*. Em suas palavras:

> [...] ao invés de compreendermos o liberalismo e o neoliberalismo como ideologias de sustentação e justificação do capitalismo e do capitalismo avançado (respectivamente), é mais produtivo compreendê-lo como modo de vida, como *ethos*, como maneira de ser e estar no mundo[4].

Esse fundamental apontamento é relevante para entender o lugar ocupado pela educação e, sobretudo, pela

---

[4] Alfredo Veiga-Neto, "Governamentalidades, Neoliberalismo e Educação", em Guilherme Castelo Branco e Alfredo Veiga-Neto (orgs.), *Foucault: Filosofia e Política*, Belo Horizonte, Autêntica, 2011, p. 38.

escola, que pode ser entendida como "um lugar onde se ensinam e se aprendem ideologias"[5], mas também como um lugar de produção de novas subjetividades, ou seja, de novos modos de ser e estar no mundo.

Isto posto, localizamos o discurso liberal – predominante como modo de vida – nos séculos XVIII e XIX, como um sistema que possuía como princípio de inteligibilidade a troca de mercadorias. Em outras palavras, o princípio de regência das relações sociais baseava-se em um ambiente socioeconômico tido como livre e espontâneo. Neste sistema específico, a liberdade de mercado era entendida como algo natural. No entanto, em meados do século XX, ocorreu o que Veiga-Neto[6] classificou como deslocamento do sistema liberal para o sistema neoliberal, quando a liberdade passou a ser vista como algo passível de ser produzido e exercido por meio da competição. Portanto, temos então que o marco fundamental que diferencia o sistema liberal do neoliberal é exatamente o entendimento do significado de liberdade. Dito de outra maneira, o neoliberalismo produz liberdade da mesma forma que a consome. Para este discurso em que os processos econômicos não são tidos como naturais, eles "devem ser continuamente ensinados, governados, regulados, dirigidos, controlados"[7].

Contudo, mais do que conceber esse deslocamento como uma simples substituição de um sistema pelo outro, Veiga-Neto nos faz um importante alerta. Baseado nas ideias desenvolvidas por Foucault[8], o autor destaca que neste processo de deslocamento não ocorreu apenas

---

5 *Idem, ibidem.*
6 *Idem.*
7 *Idem*, p. 39.
8 *Apud idem.*

a substituição de uma ideia velha por uma nova, mas que houve um "recobrimento parcial", em que partes de um sistema antigo permaneceram conservadas e sobrepostas ao sistema novo, de modo que essa espécie de revestimento discursivo não atingiu (e permanece não atingindo) todos os âmbitos e esferas sociais com a "mesma intensidade"[9]. Nesse processo, ocorre, portanto, uma transformação de ênfase que outrora recaía sobre a liberdade de mercado e comércio, em cujo centro estavam os produtores, para uma governamentalidade[10] centrada na competição, em cujo bojo estão os consumidores.

Seguindo nessa linha, Sonia Marrach destaca que o surgimento do neoliberalismo como ideologia dominante no século XX veio responder à crise gerada pela globalização, que implicou a "interligação das economias das nações industrializadas por meio do comércio e das novas

---

[9] Alfredo Veiga-Neto, "Governamentalidades, Neoliberalismo e Educação", p. 38.

[10] Ainda que este estudo não tenha a pretensão de discutir ou aprofundar o conceito de governamentalidade, cabe aqui deixar clara a definição desenvolvida por Michel Foucault em sua obra *Segurança, Território e População*. Em suas palavras, governamentalidade é: "[...] conjunto constituído pelas instituições, os procedimentos, análises e reflexões, os cálculos e as táticas que permitem exercer essa forma bem específica, embora muito complexa, de poder que tem por alvo principal a população, por principal forma de saber a economia política e por instrumento técnico essencial os dispositivos de segurança. Em segundo lugar, por 'governamentalidade' entendo a tendência, a linha de força que, em todo o Ocidente, não parou de conduzir, e desde há muito, para a preeminência desse tipo de poder que podemos chamar de 'governo' sobre todos os outros – soberania, disciplina – e que trouxe, por um lado, o desenvolvimento de toda uma série de aparelhos específicos de governo [e por outro lado], o desenvolvimento de toda uma série de saberes. Enfim, por 'governamentalidade' creio que se deveria entender o processo, ou antes, o resultado do processo pela qual o Estado de justiça da Idade Média, que nos séculos XV e XVI se tornou o Estado administrativo, viu-se pouco a pouco 'governamentalizado'" (Michel Foucault, *Segurança, Território e População* [1978], São Paulo, Martins Fontes, 2008, pp. 143-144). O que mais interessa a este trabalho é entender que governamentalidade é um conceito que denomina o regime de poder e as características de sua tecnologia, que após o século XVIII terá como alvo principal a população e a conduta dos homens.

tecnologias"[11]. Nesse sentido, enquanto o liberalismo focava no direito à cidadania, o neoliberalismo foca nos direitos do consumidor. Nas palavras da autora:

> Enquanto o liberalismo tinha por base o Indivíduo, o neoliberalismo está na base das atividades do FMI, do Banco Mundial, dos grandes conglomerados e das corporações internacionais. A liberdade que postula é a liberdade econômica das grandes organizações, desprovida do conteúdo político democrático proposto pelo liberalismo clássico[12].

Desse modo, retomando o que nos apresentou Veiga-Neto[13], nos tempos atuais – do discurso neoliberal, em que a governamentalidade centra-se na competição – o consumo não se relaciona mais diretamente ao ato de comprar e usufruir, e sim a um modo específico de pertencer ao social, ao novo social. Para o autor, esse pertencimento deve "ser o mais fugaz possível, pois na sociedade de consumidores a concorrência para a captura de atenção é incessante"[14].

Nesse novo contexto, a centralidade da fábrica como emblema da economia capitalista e liberal, que tinha por objetivo a produção de mercadorias com foco no indivíduo, é deslocada para a empresa, emblema da economia neoliberal, cujo objetivo passa a ser a inovação e a criação de novos mundos[15]. Nas fábricas, privilegiava-se o trabalho fabril e especializado, ordenavam-se lugares e postos fixos

---

11 Sonia A. Marrach, "Neoliberalismo e Educação", em Celestino A. da Silva Jr., M. Sylvia Bueno, Paulo Ghiraldelli Jr. e Sonia A. Marrach, *Infância, Educação e Neoliberalismo*, São Paulo, Cortez, 1996, p. 42.
12 *Idem*, p. 43.
13 Alfredo Veiga-Neto, "Governamentalidades, Neoliberalismo e Educação".
14 *Idem*, p. 39.
15 *Idem, ibidem*.

aos trabalhadores que executavam as atividades específicas, portanto, seus corpos eram instrumentos essenciais para a manutenção do sistema capitalista. O controle, segundo Veiga-Neto, "era realizado por meio da vigilância sobre o corpo, utilizando como instrumento o cronômetro"[16]. Com diferente ênfase, ao cenário que se configura na cultura das empresas no sistema neoliberal não interessa mais a força braçal dos trabalhadores. Seus corpos foram substituídos por outras formas de execução para o alcance dos fins esperados e contam com regimes de trabalho heterogêneos (prestadores de serviços, profissionais autônomos, entre outros) e particulares (com contratos, cargas horárias e modalidades diferentes, como o atual *home office*, por exemplo). Neste sistema específico, o controle da produtividade não se baseia mais no cronômetro, e sim nos instrumentos de mensuração e indicadores de qualidade que tornam visíveis o alcance de metas. Diferentemente dos interesses voltados ao trabalhador fabril, para o qual a execução da atividade dependia de sua submissão aos modelos predeterminados, no modelo empresarial o corpo sujeitado às determinadas funções não é mais decisivo, o que importa são as capacidades adaptáveis e flexíveis às condições mutantes intrínsecas ao contexto contemporâneo.

Os dois contextos acima apresentados compõem o que o sociólogo Richard Sennett discute na obra *A Cultura do Novo Capitalismo*[17], na qual se propõe a analisar as diferenças entre as primeiras manifestações do capitalismo industrial e o novo capitalismo global, sistemas que acompanham as ideologias liberal e neoliberal, respectivamente. O autor analisa e problematiza a maneira pela qual o

---

[16] *Idem*, p. 42.
[17] Richard Sennett, *A Cultura do Novo Capitalismo*, Rio de Janeiro, Record, 2006.

mérito e o talento tornaram-se convicções atuais, substituindo antigos valores como habilidades específicas, transformando a ética do trabalho bem como os modos de ser e estar no mundo.

Alinhado ao que analisa Veiga-Neto[18] a respeito da sociedade atual de consumidores como uma sociedade do acontecimento imediato, na qual a espera e o longo prazo deixam de fazer sentido para o homem, Sennett afirma que "em vez de avaliar se as nossas atividades imediatas realmente importam para nós, aprendemos a pensar nas recompensas futuras que advirão se obedecermos às ordens agora"[19]. O imediatismo tornou-se produto da sociedade, que passou a girar em torno do acontecimento e da satisfação. Para o autor, que por meio de uma pesquisa comparou planos de carreira de jovens na década de 1970 com as atuais do século XXI, esse deslocamento de foco se reflete não apenas nos comportamentos em relação aos bens de consumo como também nos comportamentos profissionais.

Retomando os aspectos históricos que encaminharam o deslocamento do sistema fabril para o empresarial, do capitalismo industrial para o novo capitalismo e, portanto, do liberalismo para o neoliberalismo, temos que este último transformou-se em um projeto hegemônico devido ao fato de ter "conseguido impor uma intensa dinâmica de mudança material e, ao mesmo tempo, uma não menos intensa dinâmica de reconstrução discursivo-ideológica da sociedade"[20]. Segundo Pablo Gentilli, o êxito de tal imposição é decorrente da construção de respostas que visavam explicar

---

[18] Alfredo Veiga-Neto, "Governamentalidades, Neoliberalismo e Educação".
[19] Richard Sennett, *A Cultura do Novo Capitalismo*, p. 36.
[20] Pablo Gentilli, "Neoliberalismo e Educação: Manual do Usuário", em Tomaz da S. Silva e Pablo Gentilli (orgs.), *Escola S. A. Quem Ganha e Quem Perde no Mercado Educacional do Neoliberalismo*, Brasília, CNTE, 1996.

e ao mesmo tempo escapar da crise capitalista dos anos 1960 e 1970. Novas verdades foram sendo elaboradas como possibilidades únicas de saída para a crise. O autor afirma:

> [...] os intelectuais neoliberais reconheceram que a construção desse novo senso comum (ou, em certo sentido, desse novo imaginário social) era um dos desafios prioritários para garantir êxito na construção de uma ordem social regulada pelos princípios do livre-mercado e sem a interferência sempre perniciosa da intervenção estatal[21].

Essa perspectiva foi capaz de atribuir à participação do Estado a causa de todos os fracassos econômicos e sociais e propôs a criação de um "Estado mínimo" para uma nova ordem mundial. Nesse sentido, o discurso neoliberal transformou os modos de ser e estar no mundo, que passaram a guiar-se pelo imediatismo, pelo acontecimento, pela competição, pelo consumo, pelo controle e pela renovação.

Temos até aqui um breve panorama a respeito do contexto sociopolítico atual sob o qual subjaz a ideologia neoliberal. Este conciso exame nos interessa sobremaneira para discutir os efeitos de tal ideologia no campo da educação e, para tanto, recorremos a um recorte específico da obra *Nascimento da Biopolítica*, em que Foucault nos diz que:

> [...] a generalização da forma econômica do mercado no neoliberalismo americano, além das próprias trocas monetárias, funciona como o princípio de inteligibilidade, princípio de decifração das relações sociais e dos comportamentos individuais. O que significa que a análise em termos de economia de mercado, em outras palavras, em termos de oferta

---

[21] *Idem*, p. 11.

e procura, vai servir de esquema que se pode aplicar a campos não econômicos[22].

Com base nessa afirmação foucaultiana, tentaremos apresentar e discutir de que maneira o discurso neoliberal, tal como introduzido acima, extrapola os limites do campo econômico e gera importantes e significativos efeitos no campo educativo e, consequentemente, na formação de professores.

O neoliberalismo e a lógica discursiva problema-solução

Dany-Robert Dufour, em sua obra *A Arte de Reduzir as Cabeças*[23], propõe uma relevante discussão a respeito do estatuto de sujeito e as transformações decorrentes do neoliberalismo e importantes problematizações sobre o esvaziamento simbólico do campo educacional como uma espécie de efeito de um "estar no mundo" na era da modernidade. Segundo o autor, "nosso estar no mundo não pode mais ser o mesmo quando a questão de uma vida humana não se liga mais à busca do acordo com esses valores simbólicos transcendentais representando o papel de garantias"[24], uma vez que o que nos move está ligado à capacidade de se adaptar e

---

[22] Michel Foucault, *Nascimento da Biopolítica*, São Paulo, Martins Fontes, 2008, p. 334.
[23] Dany-Robert Dufour, *A Arte de Reduzir as Cabeças: Sobre a Nova Servidão na Sociedade Ultraliberal*, Rio de Janeiro, Companhia de Freud, 2005.
[24] *Idem*, p. 14.

se moldar aos "fluxos sempre móveis da circulação da mercadoria"[25]. Ainda nas palavras de Dufour, "o neoliberalismo [...] quer apenas a fabricação de um homem novo"[26]. Ao propor a discussão a respeito das negações sobre as quais o sujeito pós-moderno se constitui, ele nos traz uma valiosa questão sobre o campo educacional, em cuja lógica da mensuração e aferição aparece com grande força discursiva acerca da qualidade da educação (e seus possíveis e necessários instrumentos avaliativos), assim como nos introduziram Richard Sennett[27] e Veiga-Neto[28].

Dufour extrai consequências da teoria dos discursos de Jacques Lacan, em especial o quinto discurso, dito do capitalista, e problematiza uma nova configuração social que "reduz as cabeças" e cria novas subjetividades. Para o autor, a lógica de mercado, ou de consumo, cria tanto a falta (ou o que podemos chamar de pseudofalta) quanto o objeto que supostamente vedaria a falta. Entretanto, essa mesma lógica que oferece o objeto opera uma espécie de anulação deste mesmo objeto de consumo, que se apresenta ao sujeito como a solução para determinado problema. Nesse sentido, cria-se uma dinâmica de contínua solicitação, uma vez que o objeto de consumo é sempre descartado quando parece não oferecer mais serventia. Dito de outra maneira, quando deixa de estar na "moda".

A esse respeito, Eric Passone[29] propõe uma leitura sobre a presença do discurso capitalista no campo educativo

---

25 *Idem, ibidem.*
26 *Idem, ibidem.*
27 Richard Sennett, *A Cultura do Novo Capitalismo*.
28 Alfredo Veiga-Neto, "Governamentalidades, Neoliberalismo e Educação".
29 Eric F. Kanai Passone, "Psicanálise e Educação: O Discurso Capitalista no Campo Educacional", ETD – *Educação Temática Digital*, vol. 15, n. 3, pp. 407-424, set.--dez. 2013.

por meio da avaliação. Esta aparece como um significante que visa garantir melhorias, aprimoramentos e substituição de erros por acertos. Para discorrer sobre tal significante, o autor resgata o histórico do saber técnico prescritivo e o posiciona como "a assinatura" do mundo ocidental desde suas origens. Não obstante a sua presença longeva, não se esperava que a "racionalidade técnica se imporia como uma ética de vida, sintoma da nossa cultura, definindo condutas e costumes morais"[30]. No campo da educação, cuja finalidade se reduziu ao imaginário homogeneizante, o autor destaca que a avaliação "tornou-se um poderoso mecanismo de produção de 'valor' sobre o objeto, um sintoma de nossa civilização orientada racionalmente à quantificação e mercantilização da vida"[31]. Isto posto, a avaliação, como um dispositivo do campo educativo, entra de maneira a tornar tudo e todos controláveis e contabilizáveis.

Seguindo as ideias apresentadas por Passone a respeito da avaliação no campo educativo, entendemos que esse dispositivo reforça a lógica neoliberal profundamente discutida por Dufour e também reconhecida por Sennett quando este afirma que: "O fato óbvio é que as avaliações de aptidão têm duas faces: servem ao mesmo tempo para destacar a aptidão e eliminar a incompetência ou a falta de aptidão"[32]. Em linhas gerais, lê-se que o dispositivo avaliativo está a serviço da melhoria da qualidade da educação. Portanto, avalia-se para melhorar, reparar – ou até eliminar – o que, aparentemente, não estava adequado. Nas palavras de Passone:

---

[30] *Idem*, p. 402.
[31] *Idem*, p. 404.
[32] Richard Sennett, *A Cultura do Novo Capitalismo*, p. 106.

Sob o semblante do discurso científico, a avaliação surgiu no interior do Estado como um Cavalo de Troia, isto é, um aparato destrutivo cuja função consiste em minar uma cultura e instaurar uma nova ordem na administração dos "negócios" do Estado. A engrenagem da avaliação é indissociável ao plano da reforma administrativa do Estado em que a lógica gerencial das empresas tomou de assalto a cultura do serviço público, em direção ao Estado-Estratégico, isto é, um Estado que acolhe no coração de suas decisões o *modus operandi* e as regras do mercado[33].

Nessa lógica, as políticas públicas em educação, por meio das reformas e, consequentemente, das formações de professores, acabam por criar uma espécie de padronização dos sistemas de ensino que buscam qualidade, resultados e rendimentos alinhados aos propósitos de mercado em voga, ou aos ditos modismos pedagógicos representantes do sistema neoliberal. A prevalência do discurso científico na educação reitera a necessidade de produzir conhecimentos cada vez mais inovadores demandados pelo mercado e pela economia globalizada. Nesse sentido, na dinâmica do descarte do velho conhecimento pelo novo, vemos acontecer uma constante desqualificação da função docente e do saber dos professores, que se encontram submetidos ao que é imposto pelo discurso tecnocrático embutido no modismo pedagógico da vez.

A fim de compreender com mais profundidade a lógica discursiva na qual a formação docente parece estar centrada, pautamos nossa discussão em alguns pontos levantados pela obra de Jacques-Alain Miller e Jean-Claude Milner

---

[33] Eric F. Kanai Passone, "Psicanálise e Educação: O Discurso Capitalista no Campo Educacional", p. 405.

intitulada *Você Quer Mesmo Ser Avaliado?* Dado que a conjuntura atual da formação de professores encontra-se fortemente centrada na atualização dos saberes técnico-científicos, o debate empreendido pelos autores parece-nos uma contribuição interessante para a reflexão acerca da relação constituída entre as ofertas formativas, que buscam a melhoria da qualidade da educação, e o que de fato buscam os professores. Para ambos, dois grandes paradigmas determinam o que chamam de moderno: um deles é o da avaliação, ao que o próprio título se refere, e o segundo, que nos interessa sobremaneira, é o paradigma problema-solução.

Jorge Forbes, no prefácio da obra supracitada, nos alerta que a fórmula problema-solução ilumina a mesma questão que a avaliação, uma vez que ambos se copertencem e carregam em seus postulados a correção do erro. Na visão do autor, para o delírio cientificista cuja visão da experiência humana é exígua, "não há problema que não tenha solução"[34].

Ao debaterem a maneira como os problemas são criados e identificados na sociedade contemporânea, Miller e Milner constatam que, sejam quais forem os problemas e suas decorrentes queixas, eles são sempre acompanhados de uma solução. Para os autores, não interessa saber se a queixa é ou não fundamentada, o importante é que ela se constitui como uma verdade que denuncia um problema a ser solucionado. Segundo Milner, "quando um problema se coloca na sociedade, demanda-se aos políticos encontrar uma solução. Tal é o paradigma das relações entre os políticos e a sociedade no universo moderno"[35]. Neste caso, a solução é a avaliação.

---

[34] Jorge Forbes, "Prefácio", p. x.
[35] Jacques-Alain Miller e Jean-Claude Milner, *Você Quer Mesmo Ser Avaliado?*, p. 3.

Seguindo o que discutem os autores supramencionados, apenas o fato de existir a avaliação impõe automaticamente a existência de uma solução análoga. Em outras palavras, a avaliação está a serviço da identificação do problema e tem como consequência a existência de uma solução. Ao refletirem sobre essa relação de conciliação, os autores nos dizem que:

> [...] poderíamos acreditar que o simples fato de avaliar constitui o alfa e o ômega da solução. Bastaria, então, que tenha havido avaliação para que tenha havido solução. Em todo caso, a lógica é perfeita, posto que nos dois casos funciona a mesma estrutura de substituição por equivalência, *salva-sociate*[36].

Partindo do que propõem Miller e Milner sobre a equivalência por substituição como estrutura fundamental da lógica problema-solução, podemos supor que algo semelhante ocorre no campo educacional com a oferta da formação continuada de cunho reparatório ou compensatório, que visa eliminar os problemas oriundos da (má) qualidade da educação. As ideias debatidas pelos autores sobre o paradigma problema-solução parecem nos servir de chave para entendermos a lógica discursiva presente no campo da formação docente, como tentaremos expor a seguir.

---

36 *Idem*, p. 4.

A lógica discursiva problema-solução no campo da educação

Antes de nos debruçarmos sobre o paradigma apresentado, faz-se importante ressaltar que a realização do presente estudo ocorreu durante a pandemia ocasionada pelo novo coronavírus, situação que gerou um cenário mundialmente inédito e impactou de maneira expressiva os sistemas educacionais brasileiros, repercutindo no fechamento das escolas em decorrência do isolamento social e em uma necessária – e temporária – transição para o ensino remoto. De acordo com a investigação realizada por Alexandre Barbosa, Ana Beatriz dos Anjos e Cintia Azoni[37], a despeito do reconhecimento de possíveis consequências do especial contexto na aprendizagem de crianças e adolescentes na Educação Básica, até o momento da publicação da pesquisa realizada pelos autores supracitados, no Brasil ainda não havia estudos relacionados à aprendizagem dos alunos. Contudo, é possível dizer que um novo problema educacional se fez presente. Um problema que, como todos, precisa de uma solução.

Por ora, faremos um breve excurso para enfatizar o que alguns autores da área da sociologia da educação, como Maurice Tardif[38], Bernardete Gatti[39] e José Esteve[40], trazem como contribuição para este ponto sensível e recorrente

---

[37] Alexandre Barbosa, Ana Beatriz dos Anjos e Cintia Azoni, "Impactos na Aprendizagem de Estudantes da Educação Básica Durante o Isolamento Físico Social pela Pandemia do Covid-19", *Codas*, vol. 34, n. 4, pp. 1-7, 2022.

[38] Maurice Tardif, *O Trabalho Docente; Saberes Docentes e Formação Profissional*.

[39] Bernardete Gatti, *apud* Deniele Pereira Batista, *Experiências do Tornar-se Professora*, Petrópolis, Universidade Católica de Petrópolis, 2017 (Tese de Doutorado em Educação).

[40] José M. Esteve, *O Mal-Estar Docente: A Sala de Aula e a Saúde dos Professores*, Bauru, Edusc, 1999.

no campo educativo. Iniciamos com uma afirmação de Gatti[41] que contribui de maneira precisa com essa questão ao ressaltar que o fato de o projeto educacional brasileiro não tratar da formação inicial com a devida importância tem por consequência projetos de formação continuada de caráter tendenciosamente compensatório. Dito de outra forma, as queixas sociais que denunciam a má qualidade da educação brasileira, tida pelo Estado como um problema a ser resolvido, encontram sua solução nas incessantes ofertas formativas que têm por objetivo suturar ou reparar as falhas no campo educacional.

De maneira semelhante, José Esteve, educador espanhol, em sua obra *O Mal-Estar Docente: A Sala de Aula e a Saúde dos Professores*, enfoca especialmente as dificuldades dos professores geradas a partir das mudanças do contexto social, relacionadas às novas exigências do ofício de professor. Segundo as problematizações colocadas pelo autor, os professores se encontram diante das dificuldades e demandas oscilantes e da contínua crítica social por não serem capazes de corresponder plenamente às novas exigências, surgidas a partir da acelerada transformação do contexto social em que exercem a profissão. Em suas palavras:

> [...] às vezes o descontentamento surge do paradoxo de que essa mesma sociedade, que exige novas responsabilidades dos professores, não lhes fornece os meios que lhes reivindicam para cumpri-las. Outras vezes, da demanda de exigências opostas e contraditórias[42].

---

41 Trecho encontrado na tese de doutorado de Deniele Batista (*Experiências do Tornar-se Professora*) e extraída de uma palestra proferida por Bernadete Gatti em 10 de abril de 2015, intitulada "Reflexões: Formar Professores no Brasil: Contradições e Perspectivas", em Juiz de Fora, MG.

42 José M. Esteve, *O Mal-Estar Docente*, p. 13.

Esteve destaca as constantes alterações ocorridas na função do professor. De acordo com o autor, as responsabilidades e exigências que se projetam sobre os educadores – e que vêm aumentando de maneira exponencial – decorrem de um processo histórico de uma rápida transformação do contexto social[43]. Problemas capturados pelo neoliberalismo, como já anunciado por Dufour[44] e que faz eco nas palavras de Sonia Marrach:

> O termo qualidade total aproxima a escola da empresa. Em outras palavras, trata-se de rimar a escola com negócio, mas não qualquer negócio. Tem de ser um bem-administrado. O raciocínio neoliberal é tecnicista. [...] Assim, a noção de qualidade traz no bojo o tecnicismo que reduz os problemas sociais a questões administrativas, esvaziando os campos social e político do debate educacional, transformando os problemas da educação em problemas de mercado e de técnicas de gerenciamento[45].

Seguindo na linha de José Esteve[46] e Bernardete Gatti[47], Maurice Tardif reforça a ideia sobre a profissionalização docente como resultado de um movimento político que tem por objetivo principal aumentar a eficácia e a qualidade do ensino e dos professores. A respeito da ideologia neoliberal que levou o Estado a ocupar um novo papel social na gestão dos serviços públicos – como Estado mínimo –, inclusive nas ações voltadas para a educação, ele destaca:

---

43 *Idem, ibidem.*
44 Dany-Robert Dufour, *A Arte de Reduzir as Cabeças.*
45 Sonia A. Marrach, "Neoliberalismo e Educação".
46 José M. Esteve, *O Mal-Estar Docente.*
47 Bernadete Gatti *apud* Deniele Batista, *Experiências do Tornar-se Professora.*

Ela defende a transformação da *educação pública* em um *quase mercado escolar* regido pela *concorrência* entre as instituições, pela sistematização da *avaliação* padronizada dos componentes do sistema educativo (resultados, organizações, funcionamento, funcionários etc.), pela definição de objetivos curriculares normatizados e comparáveis, pela defesa da livre escolha dos pais, pela autonomia das instituições escolares em um ambiente institucional descentralizado. O objetivo final é *integrar a educação no novo mercado educacional global*, pois ela representa um potencial econômico gigantesco[48].

Sobre esse contexto tecnicista que compara escola à empresa numa lógica de mercado e que reduz as intervenções do Estado ao mínimo possível, Eric Passone vai mais fundo e acrescenta que:

> [...] a lógica da avaliação desloca radicalmente a relação entre o Estado e as instituições escolares, na medida em que as tradicionais relações baseadas no mandato e na responsabilidade das autoridades educativas vão sendo substituídas pelos contratos de gestão e produtividade, avaliações de rendimentos e metas[49].

Reconhecemos na fala do professor Edgar algo que segue na linha dos avanços e das renovações que visam a qualidade total da educação. Essa alta rotatividade de novidades, ao mirar na produtividade, coloca o professor

---

[48] Maurice Tardif, "A Profissionalização do Ensino Passados Trinta Anos: Dois Passos para a Frente, Três para Trás", *Educação e Sociedade*, vol. 34, n. 123, p. 564, abr.-jun. 2013, grifos nossos.

[49] Eric F. Kanai Passone, "Produção do Fracasso Escolar e o Furor Avaliativo: O Sujeito Resiste?", *Estilos da Clínica*, vol. 20, n. 3, p. 412, set.-dez. 2015.

no lugar dos rendimentos e metas que precisam ser alcançadas por meio das contínuas formações:

> Então, é isso. A *Educação* é um mundo tão *complexo* que a pessoa *não pode estagnar*. As *mudanças acontecem*, como eu falei, de uma aula pra outra a gente já percebe progresso ou regresso. [...] E quando o professor erra a metodologia, a pedagogia, quem irá culpá-lo?[50]

De maneira semelhante, a professora Vanessa também parece anunciar um olhar crítico sobre a questão da imposição da produtividade no contexto escolar, oriunda do sistema contemporâneo neoliberal, de modo que o professor acaba ficando refém das palavras de ordem impostas sejam pelo Estado, sejam pelas instituições que propõem e fornecem as formações:

> Eu acho que existe uma *pressão de produtividade*, entre, eu acho que talvez intrínseca à sociedade, mas, mais especificamente a profissionais de áreas humanas. Talvez mais *específicas aos professores*, porque não existe essa cobrança, por exemplo, para um engenheiro[51].

Tanto Vanessa quanto Edgar parecem reconhecer o lugar ocupado pelos professores no discurso contemporâneo regido pela ideologia neoliberal, no qual o esquema baseia-se na renovação, no acontecimento e na produção. Vanessa complementa sua percepção ao dizer:

---

50 Trecho de entrevista com o professor Edgar, grifos nossos.
51 Trecho de entrevista com a professora Vanessa, grifos nossos.

Eu sinto que talvez isso seja uma coisa que tenha sido construída desde que eu era criança, mas que *se eu não trabalhar, não estudar, não participar de grupo de estudo e ler,* enfim e agora ainda tem a questão de o criar conteúdo para internet, que parece que se você não tiver uma página de professora, fulana no Instagram, *você não é uma boa professora,* você não vai estar sendo uma boa profissional[52].

Estes recortes corroboram com a discussão aqui colocada no tocante às transformações que vêm ocorrendo no campo da educação e da formação docente, sujeitas à lógica estrutural do dito "novo capitalismo"[53], ou o que estamos chamando por capitalismo contemporâneo, e à ideologia neoliberal.

Portanto, até aqui temos um cenário educacional centrado em um esquema de produtividade, rendimento e qualidade e que, para atingir tais objetivos, pauta-se na dinâmica de renovação em busca de substituir um problema por uma solução e assim alcançar as metas estabelecidas.

Mas algumas perguntas insistem em se fazer presentes: *Como são identificados os problemas educacionais? De que maneira eles tendem a ser solucionados?*

Não podemos nos furtar de reafirmar que as inúmeras reformas educativas que vêm ocorrendo no país desde a década de 1970 buscaram – e buscam até hoje – adequar o sistema educacional ao processo de reestruturação produtiva e aos interesses do Estado. Segundo Helena Freitas, no contexto das políticas educacionais neoliberais e das reformas educativas, encontramos alguns termos reguladores desse cenário, dentre os quais destacam-se a qualidade do

---

52 *Idem.*
53 Richard Sennett, *A Cultura do Novo Capitalismo.*

ensino, a modernização escolar, a competitividade, entre outros, que permitem que a educação torne-se um importante elemento facilitador dos processos de acumulação capitalista. Nas palavras da autora, em decorrência desse contexto, "a formação de professores ganha importância estratégica para a realização dessas reformas no âmbito da escola e da educação básica"[54]. Nessa mesma linha, Tardif destaca a lógica da eficácia no campo educacional imposta pelo contexto neoliberal, que, em suas palavras:

> [...] se inscreve diretamente no âmbito da corrente política neoliberal [...] essas reformas são acompanhadas imediatamente pela rápida implementação de novos mecanismos de controle, que recebem o nome de imputabilidade e de prestação de contas, de obrigação de resultados e de contrato de competência, de concorrência e de comparação, ou até mesmo a busca por figurar entre os laureados[55].

Vejamos, portanto, como esse contexto se desdobra no campo da formação de professores.

Efeitos na formação de professores

Em vista deste cenário, tomaremos por base uma importante pesquisa realizada pela Fundação Carlos Chagas e promovida pela Fundação Victor Civita no ano de 2011, que envolveu dezenove Secretarias de Educação (SEs), sendo seis Secretarias Estaduais e treze Secretarias Municipais de Educação, distribuídas nas cinco regiões do país, para tentar responder os questionamentos destacados acima.

---

54 Helena Lopes Costa Freitas, "A Reforma do Ensino Superior no Campo da Formação dos Profissionais da Educação Básica: As Políticas Educacionais e o Movimento dos Educadores", *Educação e Sociedade*, vol. 20, n. 68, p. 18, dez. 1999.
55 Maurice Tardif, "A Profissionalização do Ensino Passados Trinta Anos", p. 560.

A pesquisa teve por objetivo analisar a configuração dos cursos de formação continuada de professores, suas diferentes modalidades, bem como seus processos de monitoramento e avaliação, e obteve resultados interessantes que nos auxiliam na tentativa de atender às perguntas colocadas.

De acordo com o relatório final da pesquisa, é unânime o entendimento de todas as Secretarias de Educação participantes de que a formação continuada está associada ao "processo de melhoria das práticas pedagógicas desenvolvidas no cotidiano escolar para promover a aprendizagem dos alunos"[56]. Ainda que haja o reconhecimento de sua não exclusividade como solução para os problemas da qualidade no ensino brasileiro, identifica-se a sua grande relevância no aprimoramento dos processos de ensino-aprendizagem, como o foco no trabalho docente. De modo geral, os resultados da pesquisa apontam para a precariedade da formação inicial, que tem como necessária solução a formação continuada para melhorar a qualidade do ensino. Segundo o relatório da pesquisa, a melhoria da formação dos professores impacta diretamente na melhoria da aprendizagem dos alunos e: "Talvez, por esse motivo, as expectativas em relação à Formação Continuada estejam muito centradas em obter resultados mais positivos nas avaliações em larga escala"[57].

Um dos principais achados da pesquisa supracitada centrou-se sobre as demandas formativas e de que maneira estas se relacionam com o planejamento e a oferta das formações, ou seja, em que consistem as ditas demandas e de que maneira elas são atendidas. Os resultados apontam

---

[56] Fundação Carlos Chagas, *Formação Continuada de Professores: Uma Análise das Modalidades e das Práticas em Estados e Municípios Brasileiros. Relatório Final*, São Paulo, Fundação Carlos Chagas, 2011, p. 49.

[57] *Idem*, p. 57.

que uma prática comumente empregada pelas Secretarias de Educação a fim de identificar as necessidades e planejar as ações formativas é a utilização dos resultados alcançados pelas instituições de ensino – e suas respectivas redes de ensino – nas avaliações de sistema estadual e nacional. Nesse sentido, as avaliações de sistema "têm cumprido a função de subsidiar as decisões em matéria de políticas educacionais nas SES"[58].

Podemos, portanto, identificar a presença maciça da lógica discursiva problema-solução assim como a do paradigma da avaliação na configuração do contexto da formação docente. Os problemas são identificados a partir dos resultados das avaliações de sistemas educacionais que vão balizar os planos de ação das formações, enquanto as ofertas formativas são formuladas a fim de solucionar os problemas educacionais sinalizados pelas avaliações, ratificando o que destaca Eric Passone a respeito da indissociável relação entre a avaliação e os planos de reformas educacionais do Estado. Em suas palavras "os sistemas de ensino tornaram-se cada vez mais padronizados e buscam resultados e rendimentos de acordo com os desígnios do mercado e da economia globalizada"[59]. Neste caso, substitui-se o problema, identificado por meio da avaliação e dos indicadores de qualidade dos processos de ensino-aprendizagem, por uma solução que vise corrigir o problema. Sobre isso, Passone nos alerta que:

> Podemos inferir que a lógica da avaliação desloca radicalmente a relação entre o Estado e as instituições escolares, na medida em que as tradicionais relações baseadas no

---

[58] *Idem*, p. 58.
[59] Eric F. Kanai Passone, "Produção do Fracasso Escolar e o Furor Avaliativo", p. 405.

mandato e na responsabilidade das autoridades educativas vão sendo substituídas pelos contratos de gestão e produtividade, avaliações de rendimento e metas. Dito de outro modo, no lugar da lei, ou do saber paterno, que encarnava a figura do professor como representante do grande Outro, surge o contrato, um tipo de controle matematizado pelo saber técnico, em que nada pode ficar de fora[60].

Os contratos de gestão e produtividade que se baseiam no tecnicismo das ações pedagógicas e visam a solução de problemas identificados pelas avaliações, conforme apontados por Passone, são reconhecidos pelo professor Fernando. Ao relatar algumas de suas experiências em relação aos modelos e conteúdos oferecidos nas formações, especialmente nas advindas do Estado, ele destaca que a definição do que será ensinado fica a cargo do Estado e não dos professores. Ele diz ser esta:

> [...] uma *questão ideológica*, acabam puxando pra questão ideológica da cidade 5.0 e aquela coisa toda e oferecendo um curso que *atende essa demanda deles*, mas não atende a nossa, porque a gente ainda tem demandas mais específicas que não foram atendidas[61].

Até aqui, vimos problematizando questões da formação docente oriundas de um contexto neoliberal regido pelo capitalismo globalizado. Nesse sentido, faz-se necessário abrir um parêntese para aprofundarmos o que estamos chamando de lógica discursiva e discurso capitalista, na perspectiva lacaniana, que nos auxiliará na

---

60 *Idem*, p. 412.
61 Trecho de entrevista com o professor Fernando, grifos nossos.

compreensão do que denominamos modismos pedagógicos na formação docente como semblante da lógica problema-solução.

Dos discursos que estabelecem o laço social ao discurso que desfaz o laço

Na esteira do que vimos apresentando e discutindo neste estudo, identificamos o campo da formação de professores submetido à lógica problema-solução da mesma maneira que está submetido ao sistema neoliberal que constitui a ordem do capitalismo contemporâneo, que, como já demonstrado, assegura a cultura do consumo e não mais a da produção. A questão do consumo não se refere apenas aos bens produzidos e consumidos, como também à cultura do descarte, da renovação e da substituição. Leny Mrech destaca que as mídias informativas introduziram a ideia da obsolescência não apenas no campo social, político, como também no educacional, "ao revelar que elas [as escolas] também necessitam se transformar"[62].

Nesse sentido, o *slogan* da formação continuada de professores encontra-se no cerne de um novo mercado de saber cuja aprendizagem permanente – ideia de que é possível o sujeito se transformar sempre – tornou-se a nova ideologia, "mas diferentemente de um *hardware* do computador que pode ser sempre trocado, as mudanças nos seres humanos

---

[62] Leny Magalhães Mrech (org.), *O Impacto da Psicanálise na Educação*, p. 19.

esbarram em uma série de impasses"[63]. E é exatamente no campo da formação docente que esses impasses se fazem presentes, dado que a aplicação da lógica problema-solução parece não funcionar tal como se idealiza.

Retomando a cultura do consumo no campo da formação de professores, resgatamos a afirmação de Jorge Forbes[64] sobre o desatino cientificista e, logo, da cultura de consumo do capitalismo contemporâneo, de que não há problema que não encontre a sua solução, como encaixes perfeitos que devolvem a paz e a harmonia. Nessa dinâmica, a ordem do consumo impera sem espera e acaba por transformar o modo de ser e estar no mundo, uma vez que tudo é consumível, como se fosse possível substituir desejo por objetos de consumo.

A esse respeito, Lacan[65], muito dedicado a compreender as articulações da cultura com o social, e especialmente envolvido com as questões sociais que demarcavam o clima polêmico na França nos idos de 1968, buscou explicitar os lugares sociais – ou o modo como o sujeito produz seu enlaçamento na ordem social – por meio da teoria dos discursos. Para ele, todo discurso, passando pelo sujeito e seus semblantes, cria laço social, "laço que substituiu o laço da proporção (*rapport*) sexual que falta"[66]. O discurso é, então, solução historicamente datada a uma assexualidade, solução criada pela relação social à falta de proporção sexual.

O laço social é um objeto de estudo e pesquisa profundamente discutido pela psicanálise, especialmente

---

[63] *Idem*, p. 20.
[64] Jorge Forbes, "Prefácio".
[65] Jacques Lacan, *O Seminário*, Livro 17: *O Avesso da Psicanálise*.
[66] Colette Soler, *De um Trauma ao Outro*, p. 25.

por Freud[67] e posteriormente por Lacan[68], que a convoca a repensá-lo continuamente, dadas as mudanças e transformações que a cultura vem sofrendo, conforme o já discutido advento do capitalismo e sua aliança com a ciência, que tem gerado efeitos discursivos importantes, como nos mostra a teoria dos discursos proposta por Lacan[69].

Para essa fundamental elaboração sobre os discursos, Lacan realizou um retorno a Freud e buscou reler as considerações a respeito dos ditos ofícios impossíveis, bem como as diferentes maneiras de estabelecer laços sociais. Desta trilha refeita por Lacan, destaca-se de início o prefácio escrito por Freud para o livro *Juventude Desorientada*, de August Aichhorn, no qual ele se refere a três ofícios impossíveis que são assim definidos por não serem integralmente alcançados. Nas palavras de Freud: "Em um primeiro estádio, aceitei o *bon mot* que estabelece existirem três profissões impossíveis – educar, curar e governar –, e eu já estava inteiramente ocupado com a segunda delas"[70].

Em seguida, salientamos o caminho de Freud, que ainda investido sobre as maneiras de enlaçamento social, em um dos seus últimos textos, retomou essa questão no ensaio "Análise Terminável e Interminável", propondo, contudo, a substituição da palavra "curar" por "analisar":

---

67 Sigmund Freud, *O Mal-Estar na Civilização* [1930], Rio de Janeiro, Imago, 1996 (Edição Standard Brasileira das Obras Psicológicas Completas, XXI); *Psicologia de Grupo e a Análise do Ego* [1921], Rio de Janeiro, Imago, 1996 (Edição Standard Brasileira das Obras Psicológicas Completas, XVIII); "Prefácio a *Juventude Desorientada*, de Aichhorn" [1925], *O Ego e o Id*, Rio de Janeiro, Imago, 1996 (Edição Standard Brasileira das Obras Psicológicas Completas, XIX).

68 Jacques Lacan, *O Seminário*, Livro 17: *O Avesso da Psicanálise*; *O Seminário*, Livro 20: *Mais, Ainda*.

69 Jacques Lacan, *O Seminário*, Livro 17: *O Avesso da Psicanálise*.

70 Sigmund Freud, "Prefácio a *Juventude Desorientada*, de Aichhorn".

Quase parece como que se a análise fosse a terceira daquelas profissões "impossíveis" quanto às quais de antemão se pode estar seguro de chegar a resultados insatisfatórios. As outras duas, conhecidas há muito mais tempo, são a educação e o governo[71].

Esses ofícios, que são tidos como impossíveis no sentido de que não podem ser plenamente exercidos, ou seja, de que não há garantias dos resultados de suas ações, representam, na teoria freudiana, diferentes maneiras de se estabelecer laço social. No que antecede as proposições freudianas a respeito do laço social, encontramos em seu importante ensaio *Totem e Tabu* o mito do assassinato do pai da horda primeva, que, de acordo Freud, "foi o começo de tantas coisas: da organização social, das restrições morais e da religião"[72].

Segundo o mito descrito e discutido na obra freudiana, o pai primevo e líder da horda guarda para si toda a satisfação sexual e agressiva, interditando a satisfação pulsional aos demais "concorrentes", que passam a temê-lo, a invejá-lo e a configurá-lo como um inimigo. O rancor que emerge da interdição e da insatisfação pulsional esboça-se como um embrião de laço social, que só se efetiva enquanto laço a partir da eliminação do líder com o objetivo de liberar acesso sexual às fêmeas da horda. Dessa forma, os filhos insatisfeitos matam o pai da horda e canibalizam seu corpo a fim de incorporar seu poder e identificarem-se com ele. "Os motivos mais elevados para o canibalismo entre os povos primitivos têm uma origem semelhante. Incorporando

---

71 Sigmund Freud, "Análise Terminável e Interminável", p. 265.
72 Sigmund Freud, *Totem e Tabu* [1913], Rio de Janeiro, Imago, 1996 (Edição Standard Brasileira das Obras Psicológicas Completas, XXIII), p. 170.

partes do corpo de uma pessoa, pelo ato de comer, adquire-se ao mesmo tempo as qualidades por ela possuídas"[73]. Por meio do acontecimento mítico da refeição totêmica, Freud conclui que o pai morto tornou-se mais forte do que quando era vivo, abrindo a possibilidade para o estabelecimento do pacto coletivo, e portanto, do laço social. Ainda neste ensaio, Freud supõe que, após o assassinato do pai da horda e a incorporação do impulso agressivo, o interdito da comunidade fraterna – ao não permitir que um dos irmãos ocupe o lugar do líder, proibindo o incesto – estabelece a Lei e uma consequente mudança de paradigma de satisfação pulsional. Tem-se, portanto, que a superação da horda primeva, a qual implica uma renúncia pulsional para que se estabeleça o laço social, é um mito que funda a civilização e do qual surge o sujeito dividido tal como estabeleceu Lacan[74].

Resgatando as elaborações lacanianas a respeito dos discursos como operadores de relações sociais, foi no *Seminário 17, O Avesso da Psicanálise*[75], que Lacan formalizou e propôs a fórmula dos quatro discursos. Fundamentando-se especialmente nos três ofícios impossíveis tratados por Freud – governar, educar e analisar –, ele acrescenta uma quarta modalidade, o "fazer desejar". Para ele, a fórmula dos discursos é uma estrutura fixa de lugares, operadores e termos, os quais, ao realizarem um quarto de giro, promovem uma nova modalidade de discurso. Em outras palavras, uma nova modalidade de laço social. Os discursos criam modos de posicionamentos discursivos e de enlaçamentos com o outro, os quais Lacan denominou: o

---

[73] *Idem*, p. 93.
[74] Conceito discutido no capítulo 3.
[75] Jacques Lacan, *O Seminário*, Livro 17: *O Avesso da Psicanálise*.

discurso do mestre, da histérica, do universitário e do analista. Nesta formulação, o laço se opera entre significantes que, por meio da linguagem, estabelecem um "liame entre aqueles que falam"[76]. O conceito de discurso aparece em vários momentos no ensino de Lacan, inicialmente como equivalente à fala, ao dito. Contudo, é no *Seminário 17* que vai conceber o discurso para além da fala, que prescinde da palavra e ultrapassa sua função de mediadora na relação com o outro[77]. Um discurso sem palavras e fundador de todo laço social:

> É que sem palavras, na verdade, ele [o discurso] pode muito bem subsistir. Subsiste em certas relações fundamentais. Estas, literalmente, não poderiam se manter sem a linguagem. Mediante o instrumento da linguagem, instaura-se um certo número de relações estáveis, no interior das quais certamente pode inscrever-se algo bem mais amplo, que vai bem mais longe do que as enunciações efetivas[78].

Por ser sem palavras, o discurso é anterior à fala e, por esse motivo, ele governa a palavra. Nesse sentido, quando nos dirigimos ao outro o situamos e o posicionamos em determinado lugar nas tramas dos liames sociais. Por meio dessa formulação, entende-se que o laço é estruturado por um par composto pelo agente e um outro. Sempre que o agente toma a palavra, ele ocupa determinado lugar e deposita o outro em determinada posição, agenciando um discurso específico.

---

[76] Jacques Lacan, *O Seminário*, Livro 20: *Mais, Ainda*, p. 43.
[77] Fernanda F. Arantes, *Indicadores de Sucesso na Inclusão Escolar: Um Estudo Exploratório*, São Paulo, Instituto de Psicologia, Universidade de São Paulo, 2013 (Dissertação de Mestrado em Psicologia Escolar e do Desenvolvimento Humano).
[78] Jacques Lacan, *O Seminário*, Livro 17: *O Avesso da Psicanálise*, p. 11.

Segundo Lacan, são quatro os diferentes lugares e posições que estabelecem os diferentes pares agente-outro: no discurso do mestre identifica-se o par senhor-escravo, no discurso da histérica o par histérica-médico, no discurso universitário o par professor-estudante e no discurso do analista o par analista-analisando. Essa sofisticada construção articula as dimensões de discurso e sujeito, entendendo este último como efeito das relações discursivas. Nas palavras de Lacan, o discurso "retrata um lugar e sua função de lugar só pode ser criada pelo próprio discurso, cada um em seu lugar, isto só funciona dentro do discurso [...] toda determinação de sujeito, portanto de pensamento, depende do discurso"[79], lembrando que essa rede discursiva não é sequencial, ou seja, não segue uma linha hierárquica, pois é uma estrutura discursiva e, portanto, efêmera. Mas é no deslizamento de um discurso ao outro, em decorrência da entropia do discurso, que ocorre o retorno ao lugar do mestre. Esse desperdício, como efeito da entropia, impõe a necessidade de compensação da perda, o que leva à busca de um gozo a se repetir. É dessa dinâmica que Lacan vai introduzir a noção de um "mais de gozar"[80] a recuperar, justamente pela tendência a ir em busca do mais de gozar que se retorna sempre ao lugar do mestre, a fórmula discursiva que situa o momento inaugural em que S1, como traço unário, ao incidir sobre S2, o saber constituído, fazendo-o trabalhar, faz surgir o sujeito dividido $, assim como uma perda, o *objeto a*. Em qualquer um dos quatro discursos, S1 permanece separado de S2, seja pela barra, pelo impossível ou pela impotência, garantindo o $ como efeito dessa articulação significante em cadeia,

---

[79] Idem, p. 144.
[80] Idem, ibidem.

assim como o resto de gozo que cai nesse intervalo, o *objeto a*. Nesse sentido, temos que os discursos – retratados pelas quatro fórmulas que representam as estruturas de laço social – estabelecem as relações do sujeito com o outro; a função do objeto causa do desejo ou *objeto a*; a posição do sujeito em relação à sua verdade, de seu próprio gozo e de seu saber, ou mesmo em relação às suas ideias e fantasias que o orientam a partir de sua determinação simbólica com o real.

Temos, portanto, que o mal-estar na cultura como nos apresentou Freud em 1930[81] e que se expressa por meio dos laços sociais é proveniente da estrutura discursiva de aparelhamento de gozo que implica uma perda equivalente à renúncia pulsional fundamental para o estabelecimento dos laços sociais. Portanto, todo laço social é um "enquadramento da pulsão"[82] que gera uma perda real de gozo.

Dois anos mais tarde, em 1972, às quatro dimensões de discurso propostas – discurso do mestre, do universitário, do analista e da histérica – Lacan acrescentou uma quinta, o chamado discurso capitalista, sustentado pela produção da mais-valia, na lógica do mercado. Um discurso regido e determinado pelo consumo que produz uma espécie de insaciabilidade nos sujeitos. Ao discorrer sobre este quinto discurso, Lacan precisou rever sua posição apresentada no *Seminário 17, O Avesso da Psicanálise*, de que o discurso da universidade era o discurso do mestre moderno, uma vez que essa nova proposição indica o discurso do capitalismo como o laço social dominante da sociedade contemporânea. A composição do discurso do capitalista deriva do

---

[81] Sigmund Freud, *O Mal-Estar na Civilização*.
[82] Antonio Quinet, *Psicose e Laço Social: Esquizofrenia, Paranoia e Melancolia*, Rio de Janeiro, Zahar, 2006.

discurso de mestre, e pode ser entendido como um desdobramento deste.

Assim como Antonio Quinet[83], que reforça a elaboração lacaniana de que o discurso do capitalista é aquele que não faz laço social, Colette Soler afirma que chamá-lo de discurso é um paradoxo, uma vez que "ele mesmo está condicionado pela ciência e em que a ordem que ele estabelece não faz laço social; pelo contrário, ele o desfaz e ataca os semblantes"[84]. Em oposição ao discurso do mestre, no qual o acesso ao objeto se encontra excluído, sendo ele o mais de gozar ou o *objeto a* – marcas da castração que ordenam a relação com o real –, no discurso do capitalista não ocorre separação entre o $ e *a*. Dito de outro modo, não ocorre a separação entre consumidor e objeto de gozo. Nesse sentido, Eric Passone nos diz que: "A produção da relação direta a (flecha) S revela que o sujeito é comandado pelo objeto, que ele mesmo produz"[85] e acrescenta:

> Esse sujeito passa a ser determinado pelos novos objetos de consumo, que seduz o sujeito e cria a fantasia de encontrar no real o objeto de desejo. No lugar da verdade, surge o poder do capital, enquanto significante-mestre (S1), que força o sujeito ($) a consumir os objetos (*a*), os gadgets produzidos pelo saber científico e/ou tecnológicos (S2)[86].

O discurso do capitalista, tal qual propôs Lacan, produz um sujeito escorado pelo desejo capitalista, que o leva a produzir e transmuta o significante mestre em objetos de

---

83 *Idem.*
84 Colette Soler, *De um Trauma ao Outro*, p. 25.
85 Eric F. Kanai Passone, "Psicanálise e Educação: O Discurso Capitalista no Campo Educacional", p. 417.
86 *Idem, ibidem.*

consumo. Nesse sentido, esse discurso não apenas exclui como também desfaz os laços sociais, pois nessa estrutura discursiva o sujeito só se relaciona com os objetos de consumo. Na lógica de mercado, o sujeito é posicionado no lugar de objeto de produção, como também no de objeto de consumo. Ou seja, é uma lógica que não viabiliza a relação entre o sujeito e o outro e que promove uma "nova economia libidinal"[87]. Essa lógica propõe uma relação pautada na hiperinflação do objeto que é própria do sistema capitalista contemporâneo e busca instituir entre sujeito e objeto uma correlação perfeita, um encaixe perfeito, o famoso "objeto sob medida".

O discurso capitalista fabrica facilmente o universal, mas não o laço social. Sobre a presença desta lógica no campo educativo e mais precisamente na formação de professores, Alfredo Veiga-Neto enfatiza que: "O que importa agora é a satisfação imediata dos desejos, que tão logo satisfeitos se transformam em outros novos desejos a satisfazer"[88].

Essa lógica discursiva em que o sujeito pode obter tudo o que sua vontade almeja expressa um eterno mal-entendido no qual a satisfação da demanda é supostamente lida como o equivalente à realização do desejo. Portanto, ao estabelecer o consumo como essência, o laço social é criado por meio dos objetos. Esse discurso contemporâneo traz atravessamentos e efeitos importantes para o sujeito. Na condição de indivíduo consumidor e de objeto consumido, nessa lógica o sujeito não encontra lugar para formular suas demandas, dado que se encontra submetido à colagem dos objetos da demanda do consumo. O discurso

---

[87] Antonio Quinet, *Psicose e Laço Social*.
[88] Alfredo Veiga-Neto, "Governamentalidades, Neoliberalismo e Educação", p. 44.

do capitalista produz um sujeito que deseja consumir, ao passo que também emprega seus esforços na produção de objetos de desejo. Nesses termos, o sujeito do desejo permanece *foracluído*[89], uma vez que, no lugar da falta, que é própria do desejo, os produtos de consumo surgem com promessas de um gozo pleno e absoluto. Entretanto, há algo nessa lógica que escapa, há um gozo que não se deixa apreender e que resta como impossível. Essa porção que sobra acaba por deixar o "consumidor" frustrado à espera de uma nova promessa, de um novo produto que se lance como a novidade que faltava. Nesse sentido, a perspectiva psicanalítica contribui de maneira excepcional, já que não desconsidera o tropeço, ao contrário, parte dele para compreender que a perda é inevitável e que sempre restará algo impossível de ser capturado pelo significante e muito menos pelo objeto de consumo.

A esse respeito, Passone aponta que o discurso do capitalista, associado ao poder tecnocientífico, "produz uma lógica, que, ao transformar o sujeito em consumidor, termina por reduzir a economia libidinal à simples fórmula custo-benefício"[90]. Nesse sentido, observa-se de que maneira o campo da educação também se encontra submetido à lógica capitalista, dado que:

---

[89] Foraclusão é um termo introduzido por Lacan em seu seminário dedicado às psicoses (Jacques Lacan, *O Seminário*, Livro 4: *A Relação de Objeto* [1956-1957], Rio de Janeiro, Jorge Zahar, 1995). Segundo Roudinesco e Plon, é um "conceito forjado por Jacques Lacan para designar um mecanismo específico da psicose, através do qual se produz a rejeição de um significante fundamental fora do universo simbólico do sujeito" (Elisabeth Roudinesco e Michel Plon, *Dicionário de Psicanálise*, p. 245). Em outras palavras, é um mecanismo de defesa da constituição psicótica.

[90] Eric F. Kanai Passone, "Psicanálise e Educação: O Discurso Capitalista no Campo Educacional", p. 421.

Como efeito, sob a globalização econômica e financeira do capital, temos um aumento de interesse sobre as políticas educacionais, principalmente, para a produção de capital humano cada vez mais qualificado, aumentando as exigências sobre o produto dos sistemas educacionais, por conseguinte, a produção do discurso do fracasso da política educacional, quando das impossibilidades em produzir capital humano de excelência[91].

Portanto, conforme já discutido anteriormente, no campo da formação de professores nota-se que existe a oferta de uma ideia de atualização permanente que permitiria o alcance máximo da qualidade do ensino e da capacitação docente, como se a partir das formações baseadas nos modismos pedagógicos a prática pedagógica não deixaria nada a desejar.

O lugar da queixa docente na rede discursiva da formação de professores

Partindo do paradigma problema-solução, podemos avançar na questão e tecer algumas hipóteses a respeito do lugar ocupado pelos professores na rede discursiva que compõe a formação de professores a fim de compreender o que está em jogo. Tendo em vista a teoria dos discursos elaborada por Lacan[92], que compreende os discursos como operadores das relações sociais, entendemos que na articulação entre os lugares propostos temos os discursos como um instrumento de linguagem que estabelece certas relações sociais. Neste postulado, Lacan propõe uma lógica que viabiliza as diferentes posições discursivas que

---

[91] *Idem*, p. 423.
[92] Jacques Lacan, *O Seminário*, Livro 17: *O Avesso da Psicanálise*.

o sujeito pode ocupar. Nesse sentido, cada discurso nos conta sobre uma modalidade de laço social específica para o estabelecimento de relações e vínculos entre os sujeitos.

Faz-se importante retomar a questão tratada por Lacan a respeito de não atender a demanda do analisante. Lacan[93] segue afirmando a importância de a posição do analista sustentar a demanda escutada, calando-se diante dela sem a necessidade de compreendê-la. Para ele, sustentar a demanda não é o equivalente a frustrar o sujeito, como se crê no entendimento do senso comum, mas "para que reapareçam os significantes em que sua frustração está retida"[94]. A frustração é aqui entendida como o sentimento provocado no analisante pela não resposta do analista à sua demanda. Diante da frustração causada pela não resposta, ocorre no sujeito a emergência de significantes da sua história libidinal infantil que podem ressurgir em sua fala, ou seja, "os significantes primordiais onde o seu desejo está fixado, pois é por intermédio da demanda que todo o passado se encontra"[95]. Lacan segue afirmando que toda demanda evoca algo para além da necessidade que nela se articula, como o amor e as paixões, "e é disso mesmo que o sujeito fica tão mais propriamente privado quanto mais a necessidade articulada na demanda é satisfeita"[96]. A privação do sujeito pode ser entendida como uma espécie de silenciamento ou até mesmo de apagamento do sujeito em decorrência do enraizamento e do predomínio da técnica

---

[93] Jacques Lacan, "A Direção do Tratamento e os Princípios do seu Poder" [1958], *Escritos*; *O Seminário*, Livro 7: *A Ética da Psicanálise* [1959-1960], Rio de Janeiro, Jorge Zahar, 1988.

[94] Jacques Lacan, "A Direção do Tratamento e os Princípios do seu Poder", p. 624.

[95] Antonio Quinet, *A Descoberta do Inconsciente: Do Desejo ao Sintoma*, Rio de Janeiro, Zahar, 2000.

[96] Jacques Lacan, "A Direção do Tratamento e os Princípios do seu Poder", p. 634.

no tecido social, da mesma forma com que ocorre a conversão dos desejos em necessidades na operação da lógica de mercado.

Nessa linha, à medida que as demandas docentes são atendidas no registro da necessidade, com ofertas a pronta-entrega e supostamente sob medida, os professores encontram-se silenciados e privados da ação da cadeia significante. Ou seja, a ordem do desejo e do sujeito do inconsciente ficam elididos do que ocorre no campo da formação docente. O discurso técnico científico, ao firmar-se no tecido social, foraclui[97] o sujeito do inconsciente em detrimento de uma eficácia supostamente garantida pela padronização de processos e da gestão dos comportamentos dos indivíduos.

Tendo como base esses elementos, especialmente sobre o silenciamento do professor-sujeito diante do discurso hegemônico, é possível realizar uma leitura a respeito das ofertas formativas enquanto agentes do Discurso Universitário[98]. A esse respeito, Daniel Revah nos diz que nessa rede discursiva os professores, diante do dispositivo da formação continuada, são considerados *a*lunos[99], mantendo-se no lugar de objetos de gozo daqueles que articulam um saber "que não deixa à vista seu contexto singular de enunciação (S1), pois permanece oculto pelo semblante do mestre que sempre sabe o que é preciso fazer e dizer"[100],

---

[97] Aqui o termo está sendo empregado apenas para dar a dimensão de apagamento do professor enquanto sujeito do inconsciente da rede discursiva que compõe o campo da formação docente.

[98] Jacques Lacan, *O Seminário*, Livro 17: *O Avesso da Psicanálise*.

[99] O autor faz aqui uma analogia com o termo *astudados*, utilizado por Lacan (*idem*) para configurar o lugar que o *a* estudante ocupa no discurso universitário enquanto discurso da ciência.

[100] Daniel Revah, "O Docente 'em Falta' como Figura Cristalizada", p. 565.

discurso presente em diferentes modalidades formativas que operam o discurso pedagógico hegemônico, aquele que espera transmitir um saber que possa ser assimilado pelos professores em sua totalidade, "sem lacunas nem mal-entendidos"[101]. Essa rede discursiva sustenta nos professores um lugar de esvaziamento permanente, ao passo que carrega a promessa de suprir esse vazio por meio dos modismos pedagógicos, ou seja, inovações de práticas e métodos que serviriam de chave para o sucesso da ação educativa.

Ainda segundo Revah:

> Essas promessas são (re)produzidas não apenas no âmbito de determinados cursos, mas também pela imprensa pedagógica e pelo mercado didático de produtos vários oferecidos a docentes, escolas e redes de ensino. Desse mercado, que nos anos 1990 se intensifica com os novos produtos e assessores didáticos, procede um viés que contribui de forma incisiva para que o discurso na sua estrutura de DU tenda a não girar, a não dar lugar a outra configuração do laço social, mantendo os docentes numa posição que não é apenas a de eternos alunos desses especialistas ou assessores, pois ficam também na posição de consumidores[102].

Portanto, quando a formação continuada firma-se como uma atividade essencial e permanente à docência garantida por lei, ela concede espaço à emergência do professor como profissional cuja atualização (ou capacitação) seria o cerne do alcance da qualidade do ensino e de suas ações pedagógicas. Contudo, ao mesmo tempo que a formação continuada impulsiona a docência ao lugar

---

[101] *Idem, ibidem.*
[102] *Idem,* p. 566.

profissional, traz em si o caráter mercadológico no qual os modismos pedagógicos são oferecidos como produtos *prêt-à-porter* e sob medida para a prática cotidiana dos professores. Nesse sentido, o que está em jogo é um gozo de consumir e ser consumido, um "gozo tornado possível quando o laço próprio do DU dá lugar ao laço perverso em que todos, em posições diferentes, encontram-se implicados como objetos de um circuito que já não corresponde ao dessa estrutura discursiva, embora com ela se articule"[103], o chamado discurso do capitalista[104].

O que ocorre por vezes no contexto da oferta das formações é que elas são organizadas e planejadas de tal forma que acabam não atendendo ao que supostamente pedem os professores, gerando uma grande frustração docente diante da formação que pode ocasionar giros discursivos. Diante daquilo que é oferecido e que não corresponde à demanda docente, estes deslocam-se do lugar de objeto que ocupavam no discurso universitário para outra posição discursiva, que nas palavras de Lacan[105], ocupariam o lugar de agente do discurso da histérica. Nessa posição, os professores agenciam um discurso que tende a propagar uma insistente queixa que denuncia o não funcionamento das ações formativas.

Diante deste cenário, é possível identificar a queixa docente como a expressão de um discurso que revela um descompasso entre o modelo da oferta de formação e o que pedem os professores. Suspenderemos momentaneamente a discussão sobre a queixa docente como denúncia de uma insuficiência do modelo formativo que perpetua

---

[103] *Idem*, p. 567.
[104] Jacques Lacan, *O Seminário*, Livro 20: *Mais, Ainda*.
[105] Jacques Lacan, *O Seminário*, Livro 17: *O Avesso da Psicanálise*.

a lógica problema-solução, para retomá-la e aprofundá-la no capítulo 4. Por ora, buscaremos delinear o contexto da formação de professores que se insere de maneira específica na lógica capitalista contemporânea.

A ideologia neoliberal e os modismos pedagógicos na formação de professores

Das entrevistas realizadas para este estudo, encontramos na fala do professor Fernando algo que se assemelha à lógica problema-solução debatida por Jacques-Alain Miller e Jean-Claude Milner[106]. No trecho em destaque, ele revela uma das atuais tentativas de uma das redes de ensino em que trabalha de tentar suturar o problema da defasagem de aprendizagem, uma importante consequência da pandemia. Em suas palavras:

> Nós agora temos um convênio, um acordo com a Editora Moderna, aqueles livros do Aprova Brasil[107]. A prefeitura adotou aquele livro como *carro-chefe de uma recuperação paralela* dos alunos por conta dessa *pandemia*. Nós estamos usando aquele material que já veio da Secretaria da Educação, o calendário para a gente explicar uma atividade

---

[106] Jacques-Alain Miller e Jean-Claude Milner, *Você Quer Mesmo Ser Avaliado?*
[107] Aprova Brasil, citado pelo professor, é uma coleção de material didático voltada para as turmas de 2º, 5º e 9º anos, que são avaliadas pela Prova Brasil (sistema de avaliação da qualidade do ensino em larga escala). No caso citado, este material tem sido veiculado de forma a contribuir para a defasagem da aprendizagem dos estudantes em decorrência da pandemia.

por semana, já tem tudo lá para a gente seguir e não pode deixar de aplicar uma semana, se não perde e tem prova. [...] Enfim, é uma coisa bem cronometrada e aí *eles agora vão oferecer um curso sobre o Aprova Brasil*, e aí eu fico pensando "poxa vida, em nenhum momento *dialogou para saber com o professor* para saber *qual é o real problema da sala*, o que que está acontecendo...", "professor, você está com dificuldade de ensinar o quê?"[108]

Reconhecemos na fala de Fernando alguns pontos que vimos discutindo até o momento. Ao detectar um problema que pode desestabilizar a ordem social, o Estado imediatamente lança mão de estratégias que busquem solucioná-lo. Em vista dos possíveis efeitos negativos do isolamento social, do fechamento das escolas, do escasso acesso às aulas remotas e virtuais de uma grande porcentagem de estudantes da educação básica, impõem-se estratégias que buscam saná-los, reforçando o paradigma do universo moderno de que não existe problema que não venha acompanhado de uma solução. Destacamos um excerto bastante sensível da fala acima, que evidencia uma espécie de queixa em relação ao que o Estado oferece como ajuda para os professores. Dito de outro modo, ao identificar os problemas na aprendizagem, lança-se mão de um recurso específico que vem carregado da promessa de solução. No entanto, dado que somente o material didático não seria suficiente para resolver a questão, introduz-se mais um elemento nos moldes de formação docente voltada para o recurso oferecido. Dinâmica arquitetada pelo Estado sem o envolvimento e a escuta dos professores, a linha de frente do processo ensino-aprendizagem.

---

[108] Trecho de entrevista com o professor Fernando, grifos nossos.

De maneira similar, identificamos na fala da professora Cristina uma semelhança com o que nos contou Fernando sobre a imposição estatal de modelos e recursos formativos aos professores, que tendem a resolver problemas constatados via avaliações, a despeito das necessidades que se manifestam na sala de aula. Ela nos relata que, ao ingressar na rede estadual, participava de muitos cursos de formação continuada, mas atualmente, em decorrência de uma reforma nos moldes das formações, que passaram a ocorrer exclusivamente no modelo remoto, ela deixou de participar de maneira voluntária, uma vez que, no modelo virtual, a frequência tornou-se obrigatória. Em suas palavras:

> [...] tinha bastante formação e eram interessantíssimas. Agora, a gente está *engessado* ali no *sistema que o governo inventou*, um tal de centro de mídias[109]. É horrível! Porque você tem que logar e ficar ouvindo uma pessoa falar durante uma hora e você *não tem interação* nenhuma, você tem que fazer diário de bordo, tem que ficar escrevendo e a pessoa lá falando...[110]

No recorte específico da fala de Cristina, parece que a criação do centro de mídias veio substituir a falta de formações presenciais aos docentes em decorrência do isolamento social provocado pela pandemia. O Estado permaneceu garantindo a formação continuada, direito de todos os professores, aparentemente dentro do enquadre sanitário então permitido. No entanto, fica evidente que o formato atual em nada dialoga com a prática docente.

---

[109] O CMSP – Centro de Mídias de Educação de São Paulo foi criado em 2020, durante a pandemia, pela Secretaria da Educação do Estado de São Paulo, para contribuir com a formação dos profissionais da Rede.

[110] Trecho de entrevista com a professora Cristina, grifos nossos.

Permanece-se sustentando a garantia de direitos, oferecem-se pautas que atendam aos problemas educacionais identificados, independentemente de serem estes mesmos problemas enfrentados pelos professores em suas salas de aula.

Nessa linha, retomando o que destacou Forbes[111] sobre o copertencimento dos paradigmas avaliação e problema-solução, ambos possuem como estrutura fundamental a relação de equivalência. Equivalência tomada aqui como aquilo que pode substituir o problema para que ele não gere mais queixa, ou seja, não cause mais incômodos. Em outras palavras, a estrutura que subjaz os dois paradigmas aqui apresentados se articula a partir da matematização da realidade e opera por meio das relações de equivalência e substituição. De acordo com Miller e Milner, substitui-se "algo que causava um problema por outra coisa que faz com que o problema não exista mais"[112]; no exemplo discutido, substitui-se o problema pela avaliação. A equação problema-solução surge, segundo eles, como uma medida "salva sociedade", uma lógica que pretende preservar a sociedade daquilo que causava o incômodo, pouco importando o que foi substituído e pelo que foi substituído. O importante é que a harmonia social volte a reinar.

No relato de Ana Luísa, reconhecemos exemplos vivenciados (e notados) por ela que nos indicam a dinâmica discursiva da substituição de um problema por uma solução. A respeito da lógica das formações, ela nos diz:

> [...] aquela coisa de aprender na prática, mão na massa, mão na massa é um nome novo pra Pedagogia Ativa, que é uma

---

111 Jorge Forbes, "Prefácio".
112 Jacques-Alain Miller e Jean-Claude Milner, *Você Quer Mesmo Ser Avaliado?*, p. 3.

coisa super antiga e que está lá na Escola Nova. Então o que eu vejo é que tem *muitas ideias que voltam com outro nome*, com uma pegada mais pra lá, mais pra cá, mas que no fundo é a mesma coisa[113].

Ao destacar que muitas ideias retornam à crista da onda das formações com outros nomes, ela faz referência ao modismo pedagógico e nos dá a entender que as tais novas roupagens estão submetidas à lógica discursiva que visa solucionar os problemas encontrados na educação. Ou seja, ocorre a substituição de uma concepção ou metodologia que não está mais atendendo aos objetivos políticos por outras mais "novas", na tentativa de eliminar o empecilho.

A fala de Ana Luísa nos remete ao que Alfredo Veiga-Neto conclui em sua análise a respeito das articulações entre as transformações ocorridas no mundo do trabalho e no campo educacional. Em suas palavras:

> Nos últimos anos, com a progressiva entrada das pedagogias psicológicas, ativas e outras congêneres, assistimos a uma reorganização da temporalidade. Ainda que a ética da procrastinação continue muito presente, as teorias e as metodologias que vêm orientando o trabalho pedagógico cada vez buscam mais a satisfação imediata[114].

Nessa perspectiva, vemos que o conhecimento torna-se ultrapassado imediatamente após ser produzido: é justamente isso que estamos chamando aqui de modismos pedagógicos.

---

[113] Trecho de entrevista com a professora Ana Luísa, grifos nossos.
[114] Alfredo Veiga-Neto, "Governamentalidades, Neoliberalismo e Educação", p. 49.

Sobre essa importante questão, tomamos a fala do professor Fernando, que, ao narrar algumas de suas experiências com as ofertas formativas oferecidas pelas Secretarias de Educação, relata a velocidade com a qual as "novas pedagogias e metodologias" vão renovando as temáticas formativas:

> [...] porque *educação* é muito *dinâmica*, então às vezes, o que você pensa hoje não é mais assim em outro dia, surge uma *teoria diferente*, surge uma *prática diferente*, surge um *pensador diferente*, um material diferente, e a gente não pode parar no tempo em relação a isso.
>
> [...] é muito dinâmico, então não dá tempo de assimilação. Então quando você está se acostumando com uma coisa, *a coisa muda* toda. Aí quando você está indo em uma direção tudo muda, e eu sinceramente, particularmente, penso que isso tem muito a ver com a parte *política*, porque eu trabalho com a rede pública desde sempre. Então a educação na rede pública, ela é muito voltada a *políticas de governo*, não políticas públicas[115].

O seguinte trecho do relato de Ana Luísa parece se somar à percepção de Fernando:

> [...] na Educação o que eu sinto é que tem muita *reciclagem da mesma coisa*. Algumas discussões que já estavam em pauta lá na década de 1980 continuam em pauta com outro nome, *outra roupagem, modernizadas*, mas no fundo é a mesma discussão[116].

---

[115] Trecho de entrevista com o professor Fernando, grifos nossos.
[116] Trecho de entrevista com a professora Ana Luísa, grifos nossos.

Estes relatos nos contam não apenas a maneira como Fernando e Ana Luísa vivenciam e percebem a rotatividade das temáticas que precisam ser implementadas em sala de aula como também o órgão (seja estatal ou de parceiros do governo) ao qual as escolhas temáticas estão submetidas. Ou seja, nos dá a ver a presença do discurso científico e tecnocrático na educação, que reproduz e atende às demandas do mercado e da sociedade por conhecimentos inovadores e mais qualidade no ensino.

Complementando as percepções de Fernando, o professor Edgar também relata uma experiência de formação vivida recentemente, na qual, ao final do curso, no momento de sua utilização nos contextos de ensino-aprendizagem escolares, alguns conteúdos aprendidos encontravam-se desatualizados:

> No começo de 2019, eu entrei num programa de pós-graduação para ser Formador de Educação à Distância. *Então tecnicamente eu sou especialista em Educação à Distância.* Como eu me inscrevi em 2019 e logo no início... o curso teve início em março de 2020 e a pandemia começou uma semana depois. Então todo o *contexto do curso ficou extremamente irrelevante*, porque nós tivemos que aprender da noite para o dia toda a questão de Ambiente Virtual e avaliação. Então, quando voltava assim na matéria, na disciplina, nada era atribuído. E quando tinha uma atribuição, *era algo assim obsoleto*, sabe? Uma ferramenta que não cabe mais. Não tem por que usar mais. *Já tem tipo dez novas ferramentas que são muito mais eficazes*[117].

A despeito do cenário sem precedentes na educação, gerado pela pandemia do coronavírus, a experiência

---

[117] Trecho de entrevista com o professor Edgar, grifos nossos.

relatada por Edgar é reveladora da velocidade com a qual as inovações e o modismo pedagógico são impostos de acordo com os problemas identificados. Esse relato nos remete ao que já apresentamos sobre a lógica presente na sociedade de consumidores, o que nas palavras de Veiga-Neto traduz-se por "uma sociedade do acontecimento"[118], na qual vive-se no curto prazo, na cultura no imediatismo, dado que o longo prazo encontra-se desprovido de sentido.

No Brasil, a implementação de diferentes concepções, ou o que estamos chamando de modismos pedagógicos, via políticas de formação de professores vem ocorrendo desde o final da década de 1980 e se solidifica a partir de 1990 como resultado de alguns acordos firmados em conferências internacionais (como a Conferência de Jontien, ocorrida na Tailândia em 1990). De acordo com Helena Freitas:

> Várias iniciativas foram tomadas [...] como tentativa de responder à crise de acumulação do capitalismo, no sentido de "elevar o nível de satisfação das necessidades básicas de aprendizagem", pilar do plano de ação Educação Para Todos, que fundamentou, em nosso país, o Plano Decenal. A "qualidade" da educação e da escola básica passa a fazer parte das agendas de discussões e do discurso de amplos setores da sociedade, e das ações e políticas do MEC, que busca a cooptação para criar consensos facilitadores das mudanças necessárias na escola básica e, principalmente, no campo da formação de professores[119].

---

[118] Alfredo Veiga-Neto, "Governamentalidades, Neoliberalismo e Educação", p. 44.
[119] Helena Lopes Costa Freitas, "A Reforma do Ensino Superior no Campo da Formação dos Profissionais da Educação Básica", p. 18.

Arriscamo-nos a dizer que há uma espécie de equivalência entre a oferta formativa, que se situa no lugar do objeto customizado, e o objeto de consumo que visa satisfazer a suposta demanda docente. Nesse sentido, a oferta formativa encontra-se identificada com o objeto a ser consumido pelos professores e carrega o objetivo de sanar os problemas educacionais, invocando o *salva societate* e devolvendo a harmonia à sociedade. Sobre essa relação, Rinaldo Voltolini nos traz a ideia de que:

> A hiperinflação do objeto, empreendida pelo capitalismo, visa estabelecer entre o sujeito e o objeto uma complementaridade sem arestas, o objeto sob medida na linguagem mercadológica, a existência da relação sexual, nos termos lacanianos, o paraíso nos termos bíblicos[120].

Nos parece que a ideologia neoliberal que vem demarcando terreno no campo da educação, sobretudo no campo da formação docente, imprime um modo de relação ou de laço social no qual a renovação do conhecimento se impõe como imperativo para a qualidade da educação. Tal configuração reforça a ideia já discutida neste trabalho de que, ao passo que os modismos pedagógicos posicionam os professores no lugar de trabalhadores com cérebros flexíveis, readaptáveis às condições mutáveis, bem-articulados e dispostos a trabalhar em rede[121], os posicionam discursivamente como proletários, destituindo-os de seu saber.

A questão que se faz presente gira em torno do professor-sujeito e não como classe trabalhadora. De que

---

[120] Rinaldo Voltolini, "O Conhecimento e o Discurso do Capitalista: A Despsicologização do Cotidiano Social", *Revista Estilos da Clínica*, vol. 17, n. 1, p. 111, 2012.

[121] Alfredo Veiga-Neto, "Governamentalidades, Neoliberalismo e Educação".

maneira o professor responde a essa (im)posição discursiva? Retomamos aqui o ponto central deste estudo que parte das queixas docentes e suas diferentes manifestações, que será desenvolvido no capítulo 5, para posteriormente avançarmos na questão da implicação subjetiva do professor diante do discurso pedagógico contemporâneo regido pela ideologia neoliberal, assim como a sua posição discursiva de comprometimento com a sua formação.

4

**Queixa
Docente
e a Oferta das
Formações**

> *"Eu te peço, para recusar-me o que te ofereço*
> *– porque: não é isso!"*
>
> **Jacques Lacan**

Este capítulo inicia-se buscando delinear a noção de queixa, dado que é a partir dela que o fio condutor desta pesquisa se desenvolve. Em termos corriqueiros, podemos iniciar com a definição presente no *Dicionário Houaiss*, no qual a queixa, substantivo feminino, pode ser compreendida como "*1.* ação ou efeito de queixar-se *2.* lamentação, gemido, expressão de dor, de sofrimento; queixume *3.* sentimento de mágoa que se guarda de ofensa, injúria, agravo etc. [...] *8. med.* qualquer sintoma relatado pelo paciente"[1]. Queixa, portanto, em termos vulgares compreende o ato de expressar um possível sofrimento ou incômodo, o que, para a medicina, seria o sintoma relatado pelo paciente.

[1] Instituto Antônio Houaiss, *Dicionário Houaiss da Língua Portuguesa*, p. 2353.

A perspectiva psicanalítica parece aproximar-se de tal compreensão e a torna mais específica aos interesses da clínica ao tecer uma concepção que diz respeito ao primeiro contato entre analisante e analista. Apesar de não aparecer como verbetes nas clássicas publicações *Vocabulário de Psicanálise* de Laplanche e Pontalis[2] e *Dicionário de Psicanálise* de Roudinesco e Plon[3], em psicanálise sabe-se que a queixa, enunciada pelo analisante, expressa os conteúdos manifestos e conscientes relacionados ao suposto sintoma trazido ao analista. É, portanto, aquilo que o paciente apresenta como relato de seus sintomas, de seu sofrimento e seus possíveis e respectivos motivos.

A seguir, buscaremos situar o conceito de queixa, assim como de demanda e desejo, para a psicanálise, para discutir o lugar ocupado pelas queixas docentes diante das ofertas formativas e analisar o que elas podem representar na lógica problema-solução imbricada no ideal neoliberal que, como vimos, subjaz e rege o campo da formação docente. As análises partem da compreensão do sujeito humano como um ser de linguagem, efeito dos significantes do Outro e da cultura. Esta concepção, portanto, permite uma leitura da posição discursiva dos professores dentro da rede discursiva que opera no campo da formação de professores.

---

[2] J. Laplanche e J. Pontalis, *Vocabulário de Psicanálise*, 4. ed., São Paulo, Martins Fontes, 2001.

[3] Elisabeth Roudinesco e Michel Plon, *Dicionário de Psicanálise*.

As noções de queixa e demanda à luz da clínica psicanalítica

No texto "Sobre o Início do Tratamento (Novas Recomendações sobre a Técnica da Psicanálise I)", Freud[4] tangencia a questão da queixa – o modo como o analisante chega à análise – sem, contudo, especificá-la, ao destacar que o objetivo primeiro de todo tratamento analítico é criar o laço entre paciente e analista e, para que isso seja assegurado, basta que o analista ofereça tempo ao paciente. Tempo e escuta. Tempo para que a queixa seja enunciada, o laço constituído e a escuta ofertada para a construção da demanda.

No contexto da clínica psicanalítica, destaca-se o fato de que o sujeito que chega à análise está em busca de algo, seja de soluções para seus problemas, de respostas para suas indagações ou da dissolução de seu sintoma. Nessa procura, o sujeito ingressa em uma relação na qual o analista é colocado na posição daquele que sabe e possui as respostas para as indagações ou as soluções para os problemas apresentados, já que não consegue resolvê-lo sozinho. Nas palavras de Antonio Quinet, "o sujeito busca a análise com uma demanda precisa em relação ao seu sofrimento, sobre o qual o seu saber é insuficiente"[5] e espera que o analista lhe forneça as pistas e a solução para aquilo de que sofre. Esse movimento no qual o paciente endereça ao analista – o Outro – uma mensagem e espera a sua

---

[4] "Sobre o Início do Tratamento (Novas Recomendações sobre a Técnica da Psicanálise I)" [1913], *O Caso de Schreber e Artigos sobre Técnica*, Rio de Janeiro, Imago, 1996 (Edição Standard Brasileira das Obras Psicológicas Completas, XII).

[5] Antonio Quinet, *A Descoberta do Inconsciente*, p. 99.

decifração acerca de seu sofrimento é o que Lacan chamou por *sujeito suposto saber*[6].

Apesar de serem noções que caminham juntas no contexto clínico, é importante salientar que queixa não é sinônimo de sofrimento. O sujeito que busca a análise se queixa para evitar a experiência do sofrimento que, a este passo, encontra-se na ordem do insuportável. Por encontrar-se neste estado, deixa ver a marca da castração[7]. O analisante muitas vezes se queixa – reclama de sua frustração –, depositando a responsabilidade de sua infelicidade em outros sujeitos. É possível localizar essa dinâmica como um primeiro momento da demanda em análise, em que algo deve ser oferecido ao analista, tido como aquele que vai poder restaurar um estado antigo de prazer, onde o conflito fora outrora apaziguado pelo sintoma.

O enunciado do analisante, portanto, é a própria dimensão da demanda, a qual não visa a um objeto, e sim ao Outro a quem dirige sua fala. A fala, nesse caso, é um apelo ao Outro. Quinet contorna a noção de demanda ao dizer que "o que caracteriza a demanda não é apenas a relação de um sujeito com outro sujeito, mas o fato de que essa

---

6   Retomaremos a ideia de *sujeito suposto saber* um pouco mais adiante para discutir o lugar que as ofertas formativas ocupam no discurso pedagógico hegemônico.

7   No texto "Esboço de Psicanálise" ([1938], *Moisés e o Monoteísmo*, Rio de Janeiro, Imago, 1996 [Edição Standard Brasileira das Obras Psicológicas Completas, XXIII), Freud anunciou que a questão da castração é da ordem do insuportável para todo e qualquer sujeito e por fim generaliza a divisão do sujeito. A castração seria a constatação insuportável, por parte do sujeito, de que ele é um sujeito faltante e, consequentemente, limitado. Lacan (*O Seminário*, Livro 2: *O Eu na Teoria de Freud e na Técnica da Psicanálise*) aborda a castração como uma das três categorias da falta do objeto. A constatação da falta é em si insuportável pelo fato de revelar e levar ao sujeito a admitir que é impossível possuir o que é causa de desejo para o Outro, como apresentado no capítulo 3 deste trabalho. O que seria a causa de desejo é determinado em uma lei social que marca o desejo como um objeto que circula e depende da rede de desejos que constitui a cultura e a sociedade.

relação se dá por meio da linguagem através do sistema de significantes"[8]. Isso nos leva a compreender que toda fala é um enunciado, todo enunciado é uma demanda e toda demanda é um pedido ao Outro. Contudo, é por meio de sua enunciação, ou seja, da modalização daquilo que se diz – da cadência e das pausas, naquilo que marca a fala – que o desejo se faz presente.

No *Seminário 7, A Ética da Psicanálise*[9], Lacan afirma que a demanda é sempre uma demanda de amor, um apelo de amor dirigido ao Outro. A demanda pode, muitas vezes, camuflar-se de necessidade (e ser lida como tal), mas sempre implica um Outro na busca da satisfação. Somente pelo fato de dirigir-se a um Outro a demanda escapa das determinações instintivas da necessidade.

Sobre a distinção de necessidade e demanda, Quinet destaca:

> Basta que se enuncie "preciso de ar", para que uma outra dimensão apareça, a dimensão do Outro. Aí não estamos mais no registro da necessidade, mas no registro da demanda. Pelo simples fato de anunciar isso, mesmo que os enunciados se refiram a necessidade, a dimensão do Outro já aparece. Como? Em primeiro lugar, o simples fato de tomar a palavra faz surgir o Outro da fala[10].

A necessidade sempre implicará um objeto que a satisfaça como o alimento para a fome ou a água para a sede. Como característica fundamental, a necessidade se encontra do lado animal, "lá onde entre o indivíduo e o

---

[8] Antonio Quinet, *A Descoberta do Inconsciente*, p. 89.
[9] Jacques Lacan, *O Seminário*, Livro 7: *A Ética da Psicanálise*.
[10] Antonio Quinet, *A Descoberta do Inconsciente*, p. 89.

meio não há uma solução de continuidade e sim acoplamento entre o vivente e o seu meio"[11]. Diferentemente da necessidade, a demanda é um apelo ao Outro por meio da linguagem através da cadeia de significantes. A fala em si faz surgir a alteridade, uma vez que não existe comunicação unívoca e nem concordância total entre aquilo que se diz e o que se intenciona dizer. Nesse descompasso há o descentramento do sujeito e, consequentemente, a emergência do Outro.

Para especificarmos a noção de demanda e o modo como ela se articula ao desejo inconsciente do sujeito, é preciso reintroduzir aqui o conceito de Outro, apresentado e desenvolvido no capítulo 3 desta pesquisa. Como já demonstrado, o Outro pode ser entendido como o Outro provedor, encarnado pela figura da mãe ou daquele que exerce a função materna para o bebê e que oferece o objeto que satisfaz a necessidade. Na situação da experiência de satisfação ou nas primeiras relações do sujeito com o Outro, a coexistência de satisfação e demanda se mostra mais evidente, quando o grito do bebê é interpretado pelo Outro como uma demanda de satisfação. A mãe escuta o apelo como uma demanda dirigida a ela. Portanto, ao chorar pelo alimento – significação atribuída pelo Outro – a criança recebe, além do alimento, o amor materno[12]. Esse exemplo contribui para efetivar o que Freud designa no "Projeto para uma Psicologia Científica", como a "ação específica"[13]:

---

[11] *Idem, ibidem.*

[12] Nesse sentido, a criança sempre receberá o amor, ainda que o alimento seja dado de qualquer jeito e sem amor, dado que o amor aqui referenciado não é um sentimento ou um afeto; ele é estrutural.

[13] Sigmund Freud, "Projeto para uma Psicologia Científica" [1895], *Publicações Pré--Psicanalíticas e Esboços Inéditos*, Rio de Janeiro, Imago, 1996 (Edição Standard Brasileira das Obras Psicológicas Completas, I).

trazer o objeto de satisfação[14]. A interpretação do apelo dada pelo Outro transforma o grito ou choro em demanda, que emerge junto com o desejo. A demanda que aqui surge e se apresenta é endereçada ao Outro para que se retorne ao estado inicial de satisfação. Ronaldo Torres esclarece:

> Demanda que ultrapassa a necessidade, porque, devido às *Bahnungen* criadas pela experiência original de satisfação, a necessidade já não pode se inscrever como tal, mas somente transformada como pedido de restituição de um objeto que não será nunca mais experienciado de maneira plena, pois os objetos serão sempre pálidos representantes do objeto original[15].

No exemplo de experiência de satisfação, considerado por Freud como "paradigmático", encontramos o binômio proposto por Lacan de demanda e desejo. A seguinte discussão pauta-se, inicialmente, no conceito freudiano de desejo como um processo psíquico interno, dinâmico, distinto da necessidade e que não depende de um objeto externo para a sua realização; e no conceito lacaniano de desejo como irredutível à necessidade e à demanda, cujo objeto é faltoso, causa do desejo e emerge além da demanda. Tomando tais conceitos como ponto de partida, entende-se que a demanda está presente no apelo ao Outro que o sujeito, no caso o bebê, faz em busca de um complemento

---

[14] Inicialmente, em "A Experiência de Satisfação", parte 11 do "Projeto para Uma Psicologia Científica" (1996h [1895]), Freud menciona a noção de desejo ao tentar esclarecer o que ele designa como a "ação específica". Essa ação, tal como ele qualifica, só se efetua por meio do auxílio alheio, quando o olhar de uma pessoa experiente – pessoa que pode exercer a função materna – é dirigido ao estado infantil em desamparo e lhe oferece aquilo que se supõe lhe satisfazer.

[15] Ronaldo Torres, "Indicações sobre a Estrutura da Ação Específica Freudiana: Efeitos para o Sujeito da Psicanálise", *Agora*, vol. XIV, n. 1, p. 73, jan.-jun. 2011.

que satisfaça a sua necessidade. O complemento é o objeto de satisfação. Temos, portanto, que na demanda está presente um pedido de restituição a um estado anterior de complementação que o sujeito supõe ter existido. Nesse sentido, aquela primeira experiência de satisfação é alucinada pela criança como uma relação de desejo, um retorno a esse traço mnêmico de satisfação. Quando a figura da mãe oferece o leite, o objeto, ou mesmo a sua presença, esse segundo encontro já não é mais o primeiro e sempre deixará um resíduo, deixará um resto que será sempre frustrante para o bebê. O desejo é exatamente a busca pelo objeto suposto da primeira experiência de satisfação, que, segundo Freud, jamais existiu concretamente. Mas essa ação foi justamente o pivô em que Freud se apoiou para constituir o objeto como faltante e sua eterna busca pelo sujeito. O desejo é, portanto, a busca do objeto perdido, enquanto a demanda é o pedido de satisfação do estado suposto e anteriormente experienciado.

Entretanto, uma importante observação se faz necessária aqui, e a retomaremos mais adiante. Por meio da articulação exposta acima, vemos que é possível identificar uma espécie de dissonância em relação ao que se demanda e ao que se recebe, especialmente porque a interpretação pronunciada pelo sujeito é conferida pelo Outro[16].

A despeito dessa observação, constata-se que a demanda se constitui como uma palavra endereçada ao Outro. Na situação de análise, é a palavra do analisante endereçada ao analista. Ela é constante, ainda que o sujeito não se perceba demandando. Através dela o sujeito busca saber o que representa para o Outro e espera uma resposta, qualquer que seja. Nesse sentido, quanto mais afastado o sujeito

---

[16] Desenvolveremos um pouco mais a ideia dessa dissonância no capítulo 5.

está de seu desejo, mais ele demanda do Outro respostas que poderiam lhe dizer acerca do que ele deseja. Por esse motivo, as demandas são sempre regressivas, uma vez que convocam um Outro a garantir que o sujeito deseja algo. No contexto da análise, o desejo é o que gera a demanda que se expressa por meio dos apelos feitos ao analista.

Em "A Direção do Tratamento e os Princípios de seu Poder", Lacan buscou elucidar os princípios que significam uma situação analítica. Neste texto, ele concebe que a direção do tratamento consiste em "fazer com que o sujeito aplique a regra analítica, isto é, as diretrizes cuja presença não se pode desconhecer como princípio do que é chamado"[17], ou seja, que o analista faça com que o sujeito aplique a regra essencial da psicanálise, cuja presença é o princípio fundamental desse contexto. Dentre as diretrizes anunciadas, discorreu sobre a escuta analítica voltada ao analisante, que é convidado a falar livremente. A esse respeito, expõe que na escuta o analista deve apenas ouvir, sem buscar sentidos para o que anuncia o analisante. Nas palavras de Lacan: "Ouvir não me força a compreender"[18], o que nos indica que por meio de uma escuta privada da busca de sentidos, o analista não precisaria se colocar no lugar de compreender e, portanto, de replicar a fala do analisante, uma vez que "nada compreende disso".

Lacan sugere que as palavras proferidas pelo sujeito não representam exatamente o que ele pede ao analista. Diz ele que o sujeito pede algo por meio da fala, mas o que pede não é o que pode receber do outro porque "sua demanda é intransitiva, não implica nenhum objeto"[19].

---

17 Jacques Lacan, "A Direção do Tratamento e os Princípios do seu Poder", p. 592.
18 *Idem*, p. 623.
19 *Idem, ibidem*.

Dessa maneira, a escuta necessita ser uma escuta livre da compreensão, pois, caso o analista tente compreender o sentido da fala enunciada, será enganado, e, para evitar o engano, diz ele, "eu me calo"[20].

Entendemos, portanto, que a demanda do sujeito se manifesta no campo da fala de forma implícita. Ela enuncia um pedido de cura e de solução dirigida ao analista, mas sua demanda não é essa. Sobre esse viés, Lacan complementa dizendo que "essa demanda nem é dele [do analisante], pois, fui eu quem lhe fiz a oferta de falar. [...] com a oferta, criei a demanda"[21]. Dessa maneira, a presença do analista e a não resposta à demanda do sujeito demarca a castração e a impossibilidade radical de tudo explicar, curar, tudo compreender. Nesse sentido, o trabalho do analista procura reduzir o tempo inicial da demanda em que as queixas são produzidas com vistas a uma resolução funcional.

Diante do exposto, o problema que se faz presente é que a noção de demanda, muitas vezes, é interpretada como necessidade e tomada no sentido econômico do termo, quando diante de uma demanda cabe uma oferta adequada. Em outras palavras, diante de uma necessidade cabe um objeto que a satisfaça plenamente. Esse problema é impulsionado pela lógica capitalista contemporânea, conforme apresentamos no capítulo anterior, e é transposto ao campo da formação docente, como buscaremos expor a seguir.

---

20 *Idem, ibidem.*
21 *Idem, ibidem.*

Queixa e demanda
na formação docente

Ainda na esteira das noções de queixa, demanda e desejo, lembremos que Lacan faz uma advertência sobre o risco de o analista cair na tentação de satisfazer a demanda de felicidade do analisante. Trata-se de um engodo. Sobre este fato, em "Análise Terminável e Interminável", Freud já havia anunciado que o que está no fim da análise é o rochedo da castração e a aspiração do paciente – que será sempre frustrada – de ser ou de ter o falo. Por outro lado, no *Seminário 7, A Ética da Psicanálise*, Lacan aponta que o desejo é o que o sujeito vai encontrar no processo de tratamento: "ter levado uma análise a seu termo nada mais é do que ter encontrado esse limite onde toda a problemática do desejo se coloca"[22].

No texto "Proposição de 9 de Outubro de 1967 sobre o Psicanalista da Escola", Lacan afirma que só é possível a análise se desenvolver com base no "significante introduzido no discurso" que se estabelece por meio do sujeito suposto saber. Tal significante colocado pelo analisante convida o analista a ocupar o lugar do saber:

> O sujeito suposto saber é, para nós, o eixo a partir do qual se articula tudo o que acontece com a transferência. Cujos efeitos escapam quando, para apreendê-los, faz-se uma pinça com o desajeitado *pun* que vai da necessidade da repetição à repetição da necessidade[23].

---

22 Jacques Lacan, *O Seminário*, Livro 7: *A Ética da Psicanálise*.
23 Jacques Lacan, "Proposição de 9 de Outubro de 1967 sobre o Psicanalista da Escola [1967]", *Outros Escritos*, p. 253.

Portanto, a busca de recurso no Outro abre oportunidade à produção da significação cunhada por Lacan[24] como *sujeito suposto saber*. E seria suposto saber para quem, indaga Lacan? Para o outro sujeito. Ele reforça essa ideia, resgatando um apontamento de Aristóteles em que diz que "um sujeito não supõe nada, ele é suposto"[25].

Contudo, se o analista decide oferecer respostas ao analisante e tomar a queixa como tratamento ao invés de questionar o sintoma, significa que ele eleva a queixa ao objetivo clínico do tratamento analítico. Sobre essa arriscada escolha, Michel Silvestre alerta:

> [...] escutar a queixa do sujeito consiste em cantar-lhe uma canção de ninar. O risco é que ele próprio, o analista, também durma. "Escutar a queixa", nesse sentido, revela uma posição em que o analista prioriza a queixa trazida pelo paciente nas entrevistas preliminares e toma sua resolução como o objetivo do processo analítico[26].

Silvestre nos aponta para o fato de que existe uma importante distinção entre a queixa enunciada pelo analisante que visa a busca – de início – da felicidade e o que é possível de ser alcançado por meio do processo de análise: o reconhecimento da castração, uma vez que é pela via deste reconhecimento que o desejo vai poder trilhar sua rota. Nesse sentido, a presença do analista e a não resposta à demanda do sujeito demarca a castração e a impossibilidade radical de tudo explicar e compreender. A castração é, portanto, o limite, a falta que constitui os sujeitos capazes de desejos.

---

24 *Idem, ibidem.*
25 *Idem*, p. 253.
26 Michel Silvestre, *Amanhã, a Psicanálise*, Rio de Janeiro, Zahar, 1991, p. 24.

Isto posto, nos interessa entender a posição discursiva da queixa docente diante das ofertas formativas. Tendo em vista que a queixa pode ser a expressão de uma ofensa, de um agravo ou de um sofrimento e que para a psicanálise, portanto, a queixa é o modo como o analisante se apresenta ao analista para expressar seu sofrimento, entendemos que a queixa docente, tratada neste estudo, pode ser lida como a expressão de um incômodo oriundo do campo da formação de professores. "Algo não vai bem" na prática docente e, por meio da queixa, endereça-se esse mal-estar às ofertas formativas. Conforme discutido anteriormente, as ofertas formativas buscam oferecer conteúdos e temas que supostamente viriam sanar os problemas da educação identificados por meio dos conjuntos de sistemas de avaliações do ensino brasileiro. Essa dinâmica posta em jogo parece reproduzir a lógica problema-solução quando diante de um problema da qualidade da educação busca-se oferecer a solução na medida certa para que os professores melhorem suas formas de ensinar e para que as crianças e jovens aprendam mais e alcancem os melhores resultados nas avaliações. Em outras palavras, a intenção das formações é de que estas – ao oferecerem aquilo que supostamente demandam os professores – causem modificações e atualizações nas práticas docentes a partir dos novos conteúdos adquiridos, restaurando e garantindo o que Miller e Milner[27] identificaram como *salva societate*.

Não obstante a tentativa de resolver o problema e devolver "a paz social", algo parece insistir nessa dinâmica, que é o que nos interessa problematizar. Neste cenário, tem-se que os problemas são constantemente identificados e imediatamente suturados por novidades ou *modismos pedagógicos*

[27] Jacques-Alain Miller e Jean-Claude Milner, *Você Quer Mesmo Ser Avaliado?*

que visam apaziguar a tensão decorrente daquilo que parece não mais funcionar na ação pedagógica. Diante disso, algumas perguntas emergem e se fazem presentes: se a lógica do capitalismo contemporâneo baseada na *equivalência*[28] e, portanto, no objeto sob medida, de fato obtivesse sucesso na solução dos problemas, o que levaria à maciça queixa social de que a educação brasileira está sempre a desejar, considerando-se que ela é constantemente (re)abastecida com inovações pedagógicas? E, dentro disso, o que levaria os professores a queixarem-se do sistema das ofertas formativas que lhes são uma garantia de direitos e, portanto, continuadas?

Essa lógica contemporânea permite-nos realizar algumas leituras. Parece-nos que as queixas docentes (seja a que denuncia as formações como insuficientes, seja a que denuncia o formato ou mesmo o conteúdo das ofertas) são entendidas como pedidos dos professores por mais formações. Sobre isso, Rinaldo Voltolini e colaboradores explicam que o professor: "Acusado de ser o responsável pelo fracasso escolar, dada a sua suposta incapacidade formativa, ele transfere essa responsabilidade para o Estado acusando-o de não dar a formação necessária"[29]. O problema aparece quando essa demanda formulada é atendida no registro da necessidade. Ou seja, as queixas não são escutadas no lugar de uma demanda ao Outro, mas de necessidades que possuem o objeto exato de satisfação. Voltolini esclarece essa ideia ao destacar o que ele chamou de "verdadeira perversão da demanda". Em suas palavras:

> O que propomos chamar por perversão da demanda é que: pede-se o que não se quer, mesmo sabendo que se precisa,

---

[28] *Idem.*
[29] Rinaldo Voltolini, *Psicanálise e Formação de Professores*, p. 50.

mas para que o outro ofereça algo que não será muito bem recebido porque o que se quer, de verdade, o outro realmente não pode oferecer[30].

A professora Eliana deixa clara a percepção de que as ofertas que recebe do Estado muitas vezes são insuficientes, dado que não atendem à realidade do cotidiano escolar. Ela nos conta que muitas vezes o que se molda e se propõe nas formações são propostas muito distantes do que ocorre dentro da sala de aula, apontando para um contexto ideal e não para a realidade que se vivencia no contexto escolar. Eliana nos diz que:

> [...] a grande questão que a gente teve agora, que foi da pandemia, né? Por exemplo, a gente estava indo em rodízio e podia organizar os grupos [...] pela aprendizagem e a gente conseguia fazer uma intervenção maior. Eu conseguia fazer uma intervenção maior assim como as meninas que trabalham comigo. Agora, voltou todo mundo e a gente precisa se reorganizar para ajudar essas crianças e talvez *algumas formações ficam ainda no mundo ideal*[31].

Assim como Eliana, identificamos nos relatos das professoras Luiza, Cristina e do professor Marcelo queixas que também vêm denunciar as ofertas formativas como insuficientes, dado que não atendem ao que buscavam *a priori*. As falas ressoam o que Maurice Tardif[32], Philippe Perrenoud[33] e outros autores da sociologia da educação

---

30 *Idem, ibidem*, grifos do original.
31 Trecho de entrevista com a professora Eliana, grifos nossos.
32 Maurice Tardif, "A Profissionalização do Ensino Passados Trinta Anos"; *Saberes Docentes e Formação Profissional*.
33 Philippe Perrenoud, "O Trabalho sobre o *Habitus* na Formação de Professores".

apontam para as inadequações das formações que seguem o modelo prescritivo e acabam por cristalizar o trabalho docente, indo na contramão da práxis, que seria a essência do ofício docente, aberto às imprevisibilidades. Voltolini completa essa ideia dizendo que "o paradigma técnico continua a seduzir o campo pedagógico com sua oferta de controle científico da situação de ensino"[34].

> Às vezes, a gente olha para uma coisa muito perfeita e *esse perfeito não se encaixa ali* porque é uma realidade que demanda muita coisa. [...] A última que eu fiz que foi muito legal foi sobre escrita. Só que, por exemplo, *ela não dava dicas de como a gente faz essa organização dos grupos*. Foi um conhecimento que eu já tinha de alguma maneira, *mas ela não acrescentou*[35].

> Eu lembro basicamente de um que eu busquei, um curso que depois eu achei que era uma *formadora que não estava muito preparada*. Era uma pessoa que *não estava tão atualizada*, que eu tinha visto outros pensamentos mais atuais. Achei que *não valeu a pena*[36].

> A gente fica ouvindo e nada. *Não dá para fazer 20% do que eles falam na formação. Você não consegue aplicar na escola* e é uma coisa que *eu sinto falta* porque depois que veio esse formato de formação, você ficou sem tempo de fazer a formação na própria escola[37].

---

34 Rinaldo Voltolini, *Psicanálise e Formação de Professores*, p. 63.
35 Trecho de entrevista com a professora Eliana, grifos nossos.
36 Trecho de entrevista com a professora Luiza, grifos nossos.
37 Trecho de entrevista com a professora Cristina, grifos nossos.

Eu acho que *a teoria é muito importante*. A gente precisa ter a base ali, então, acho que uma parte da teoria é importante. Eu acrescento que *conhecer bem o dia a dia de um professor e propor coisas que sejam palpáveis, concretas*, porque muitas vezes você faz um *curso muito abstrato* no sentido de que *a pessoa que está propondo aquilo não conhece a sala de aula* com quarenta alunos, 45 minutos de trabalho com aquele aluno. Que você vai encontrar alunos que não estão plenamente alfabetizados, que não tem domínio da escrita, da leitura, e aí muitas vezes a *gente fica dentro da escola muito preso a isso*[38].

Os recortes acima destacam o fato de que muitos dos cursos oferecidos – independente de a oferta vir do Estado ou de buscas pessoais, como no caso dos relatos de Luiza e Eliana – ocupam o lugar de apontar uma direção, indicar como fazer seguindo a lógica tecnocientificista, mas acabam por ampliar o hiato entre o que oferecem e o que ocorre efetivamente no cotidiano escolar, dado que a imprevisibilidade proveniente dos (des)encontros entre os sujeitos na cena educativa "impede qualquer pretensão científica de controle pleno da situação"[39], ampliando a queixa da insuficiência formativa. Nesse sentido, talvez "tal hiato não seja necessariamente um sinal de *impotência* de qualquer um dos lados, mas antes, um sinal de *impossibilidade* dessa proporção"[40]. E é justamente deste hiato, que deixa evidente o impossível, que as queixas docentes parecem emergir.

A queixa docente tomada aqui como eixo difere-se da tradicional queixa de professores que apenas responsabiliza o Estado pelas mazelas do contexto educativo e

---

[38] Trecho de entrevista com o professor Marcelo, grifos nossos.
[39] Rinaldo Voltolini, *Psicanálise e Formação de Professores*, p. 74.
[40] *Idem, ibidem*, grifos do original.

apelam para melhores condições de trabalho, salário e também de formações, as quais arriscamos chamar de queixa-lamento, ou queixume. As queixas identificadas nos relatos colhidos para esta pesquisa parecem denunciar que a oferta não corresponde ao pedido feito, como se, sob cada manifestação queixosa, subjazesse a seguinte questão: *Como assim, esse objeto que eu demando não é o que eu obtenho?* Nessa leitura, entende-se que os órgãos responsáveis por garantir a formação continuada aos professores, na posição de identificar os problemas educacionais e, necessariamente, corrigi-los, operam no registro da necessidade, oferecendo soluções imediatas aos problemas encontrados. Entretanto, essa tentativa de encaixes perfeitos mostra-se insuficiente, uma vez que as queixas insistem em denunciar que algo desta tentativa de solucionar problemas continua não "funcionando bem". Esse é o aspecto que nos leva a supor que a queixa docente é uma queixa deslocada, já que é formulada no registro da demanda e atendida no registro da necessidade.

Por meio do que identificamos como queixa, a professora Cristina reforça ainda mais o desencontro entre o que se oferece e o que as ações docentes em sala de aula demandam.

> Mas, tanto no curso de aperfeiçoamento quanto na pós-graduação, *você não tem subsídios para trabalhar na prática.* As graduações, as pós-graduações não te dão esse subsídio. Você tem muita teoria, prática mesmo você não tem. *É onde eu saio procurando coisas novas.* [...] Porque as formações de educação especial que eu tenho no meu trabalho, no Estado, são totalmente diferentes dessa *formação que eu fiz de forma particular*[41].

---

[41] Trecho de entrevista com a professora Cristina, grifos nossos.

Cristina faz coro à grande queixa sobre o hiato que reside entre a formação inicial e os encaminhamentos a respeito do que efetivamente ocorre na prática docente. Mas, apesar de queixar-se do descompasso existente entre o que se recebe nas formações e que se encontra na prática pedagógica, ela ainda reconhece que as formações existem, são oferecidas e garantidas. O problema não está, segundo ela, na falta de oferta de formação, e sim, na distância entre o que se oferece e a realidade escolar:

> *Tem a formação, mas não é* especificamente *aquilo que eu preciso*, mas a formação existe. Antes, nós reclamávamos que não tinha formação, agora, nós não podemos reclamar porque tem. [...] O governo tem umas propostas até interessantes, só que o jeito que ele engessa a proposta para funcionar é *que não dá certo*. A mesma coisa na formação. *A proposta é boa, mas o jeito como é executada é que não dá certo*[42].

Sobre essa distância entre teoria e prática existente no campo da formação docente, identificamos na fala da professora Eliana uma possível suposição que, segundo ela, contribuiria para justificar o desencontro:

> Porque acho que eles fazem para a rede toda. Claro, eu sei que têm as características, que precisa fazer ou discutir algum assunto. Porém, muitas vezes *fica muito no genérico*. Aí, junta o professor do "Fund 2", dos anos finais, dos anos iniciais, ensino médio, *só que é diferente pensar os anos iniciais, o papel da escrita, papel da leitura e dos anos finais e do ensino médio*[43].

---

[42] Idem.
[43] Trecho de entrevista com a professora Eliana, grifos nossos.

Embora elabore tal suposição, ela reconhece que existe uma distância entre aquilo que se oferece e o que ocorre na prática educativa cotidiana. A queixa enunciada por Eliana vai ao encontro da queixa de Cristina, que também aponta para o hiato entre oferta e demanda:

> *Eu sinto falta* de uma coisa mais específica em relação às discussões mesmo *de coisas do dia a dia*, é o que eu acho *que está faltando na escola*. Nós tivemos o nosso planejamento de início de ano e ficamos quatro dias ouvindo aulas pelo CMSP. Um dia só que foi para discutir as coisas da escola porque a gente não tinha tempo. *É bom ter essa formação online?* Pode ser, *mas a gente precisa de uma formação com a mesma quantidade de horas presenciais para a gente discutir a realidade*[44].

As queixas identificadas nas falas das professoras e professores entrevistados deixam clara a falência do registro sobre o qual opera o Estado e outras instâncias parceiras responsáveis pela oferta formativa. As falas destacadas parecem denunciar o que Rinaldo Voltolini[45] aponta sobre o fato de que qualquer formação é *não-toda*. Ao ser *não-toda*, não significa que a formação seja imperfeita, mas, sim, que o saber científico de referência e presente nos modelos formativos jamais podem suplantar aquilo que só os agenciamentos do desejo fazem com o conhecimento. Nessa linha, Fernando deixa evidente que o que obtém das formações não corresponde ao que espera receber:

---

44 Trecho de entrevista com a professora Cristina, grifos nossos.
45 Rinaldo Voltolini, "A Inclusão É Não Toda", em Fernando A. G. Colli e Maria C. M. Kupfer (orgs.), *Travessias – Inclusão Escolar: A Experiência do Grupo Ponte Pré-Escola Terapêutica Lugar de Vida*, São Paulo, Casa do Psicólogo, 2005, pp. 149-155; Psicanálise e Formação de Professores.

Então eu acho *importantíssimo que o professor acabe buscando cursos além disso*, né, porque geralmente, eu não vou dizer sempre, mas *geralmente a oferta não é daquilo que a gente precisa*, é daquilo que eles querem, né?[46]

De maneira semelhante, a queixa de Marcelo também parece denunciar que o que recebe (ainda que seja de uma outra fonte que não a estatal) muitas vezes não corresponde ao que estava buscando para atingir a sua prática. Ele deixa claro que cursar uma pós-graduação especializada em sua área de conhecimento, que foi buscar por iniciativa própria, não correspondeu ao que esperava e não contribuiu para a sua prática pedagógica:

> Por exemplo, o próprio curso de pós-graduação em história da África. Eu fiz, não que ele não me agregou na prática porque *ele me trouxe um conhecimento que eu não tinha*. Mas se era um curso que era pensando em educação, *ele não me trouxe nada assim de concreto para a minha prática docente*. Ele me trouxe um conhecimento de "ah, existe a África", existe uma cultura africana, existe uma relação entre Brasil e África, me trouxe um repertório que eu não conhecia de autores, a pensar relações internacionais. *Mas no meu dia a dia como professor não*[47].

Portanto, as queixas colhidas e identificadas nos discursos das professoras e professores ao denunciarem que esse modelo de oferta não funciona parecem contestar um padrão de formação burocratizado e engessado na lógica problema-solução, que parte da premissa de identificar o

---

[46] Trecho de entrevista com o professor Fernando, grifos nossos.
[47] Trecho de entrevista com o professor Marcelo, grifos nossos.

que está errado (de acordo com os interesses do Estado alinhados às agendas política e econômica) para oferecer soluções que corrijam os problemas pedagógicos.

Conforme essa dinâmica já discutida, os resultados obtidos pelos sistemas de avaliações, ao invés de analisarem o contexto e compreender maneiras possíveis de manejá-lo, apenas apontam para o déficit formativo daqueles que deveriam ensinar. E para corrigir essas lacunas nada melhor do que oferecer formação de modo a repará-las, instaurando um modelo de formação reparatória. Dado esse contexto no qual a queixa se manifesta de forma estrutural, qual seria o modelo possível para a formação de professores que poderia se esquivar da lógica problema-solução?

Do impossível modelo reparatório a uma possibilidade de formação

As discussões até aqui apresentadas têm constatado que o modelo contemporâneo da formação de professores oferecido e garantido pelo Estado e pelas instituições parceiras partem do princípio de que os professores são indivíduos desprovidos de saberes ou com saberes permanentemente insatisfatórios para sustentar ações pedagógicas que assegurem uma educação de qualidade. Nessa linha, o modelo formativo que toma por base a capacitação contínua visa reparar as falhas ou as práticas docentes insatisfatórias, oferecendo as *novidades pedagógicas* para suprir os professores com os conhecimentos que ainda não foram apreendidos e, por fim, alcançar índices mais elevados e qualificados da educação.

Resgatando o que apresentamos no capítulo anterior sobre a ideologia neoliberal e a lógica problema-solução, vimos que a lógica mercadológica cria tanto a falta do objeto como o próprio objeto que supostamente tamponaria a falta. No campo da formação docente, a oferta formativa define tanto o modismo pedagógico que deve ser colocado em prática no *chão da escola* quanto também define quando ele perde seu teor de inovação e, consequentemente, sua serventia para as ações educativas.

Nesse sentido, o discurso pedagógico hegemônico enquanto operador de um suposto controle dos atos educativos, por meio das ofertas formativas, segue sustentando o silenciamento do sujeito, e é aqui que a psicanálise entra como uma perspectiva que pode "lembrar" da existência da dimensão de sujeito no professor.

Diante desse contexto, tomaremos como premissa a psicanálise e suas contribuições ao tema para identificar possíveis modalidades formativas que escapem da lógica problema-solução e retirem o professor do lugar de silenciamento e do vazio, provocando um deslocamento para um lugar de saber, pois, nas palavras de Voltolini:

> [...] essa teoria torna-se interessante para a discussão das vicissitudes da atividade docente que, por sua vez, é uma modalidade de laço social. Mas também para a relação entre o formador e o professor em formação[48].

Uma das muitas contribuições que a teoria psicanalítica elaborada por Freud traz ao campo da formação de

---

[48] Rinaldo Voltolini, "Formação de Professores e Psicanálise", p. 176.

professores é a sua afirmação de que educar, governar e analisar são três ofícios impossíveis. A despeito desta assertiva já ter sido introduzida anteriormente, nos interessa retomá-la para discutir a dimensão própria do impossível demarcada por Freud, o que nos parece ser o que reside em comum dentre esses três ofícios. Os atos educativos, políticos e analíticos devem ser entendidos como atos eficazes, porém não exatos. Essa não exatidão também pode ser entendida como as tentativas, assim como as limitações, de influenciar o outro ou de provocar mudanças no outro, isso porque quem educa, governa ou trata espera que ocorram transformações no outro[49].

Isto posto, os modelos de formação reparatórios – que têm por objetivo corrigir as falhas das formações iniciais e qualificar a ação docente – perpetuam a promessa de uma educação ideal. Por meio das novidades, o *modismo pedagógico* dita que o melhor está por vir, convocando os professores a atuarem em nome de uma educação ideal e total[50]. Entretanto, a psicanálise nos diz que é necessário considerar a impossibilidade do projeto de formação de professores enquanto impossibilidade de plenitude, de previsibilidade e de controle. Os ofícios impossíveis se tornam possíveis quando se compreende que não se obterá a garantia de resultados exatos, controláveis e definitivos, reconhecendo que no ato educativo há imprevisibilidades e incertezas.

Nessa linha, Odana Palhares e Marise Bastos afirmam:

---

[49] *Idem, ibidem.*
[50] Odana Palhares e Marise Bartolozzi Bastos, "Duas Notas sobre a Formação de Professores na Perspectiva Psicanalítica".

[...] para que o professor possa acolher o inusitado perante o aluno, ele precisa assumir que sua posição de *sujeito* também comparece na cena escolar. Nesse sentido, diante d'"as crianças" a formação docente não poderá negligenciar e deixar de contemplar "os professores"[51].

As autoras fazem alusão a uma constatação[52] a respeito de uma generalização ou "entidade abstrata" sobre "A" criança baseada nos saberes da psicologia que adentraram o discurso pedagógico. Segundo os autores, "A" criança impõe-se como estatuto atemporal e genérico sustentado pelo ideal psicopedagógico racionalista. A construção que se faz aqui é a de que, assim como "A" criança é vista como indivíduo abstrato a quem se destinam as estratégias pedagógicas ideais, "O" professor também é compreendido no sentido abstrato e genérico sobre o qual se pode despejar conhecimentos que visam alcançar o ideal educativo.

Diante disso, entende-se que a psicanálise, ao trazer à cena o sujeito, permite que ocorra um deslocamento do teor tecnocientífico e racional das formações reparatórias, ao conceder ao professor um lugar central na formação, oferecendo-lhe espaço de palavra.

Da formação possível que coloque em cena o professor-sujeito

Partindo dessas colocações, foi possível levantar alguns dispositivos de formação de professores situados no

---

51 *Idem*, p. 251, grifos do original.
52 Leandro de Lajonquière, *Figuras do Infantil. A Psicanálise na Vida Cotidiana com as Crianças*, Petrópolis, Vozes, 2010; Rinaldo Voltolini, "Formação de Professores e Psicanálise"; Rinaldo Voltolini, *Psicanálise e Formação de Professores*.

campo da psicanálise e educação[53] que têm se proposto a colocar em cena a dimensão do sujeito e o seu ato por meio da escuta e do dispositivo clínico.

Convém precisar o que estamos chamando de dispositivo ou método clínico. Ao retomar o caráter impossível do ofício educativo, ou do ato de ensinar, Mireille Cifali se propõe a pensar em possibilidades para a formação de professores e inaugura o que ela chama de "conduta particular de pensamento, uma ética de ação e uma formação adequada que a palavra 'clínica' pode qualificar"[54]. Para a autora, a atitude clínica se caracteriza por meio do encontro intersubjetivo, de uma implicação entre seres humanos distintos que não se encontram em uma mesma posição e, desse modo, não pertence a um campo específico:

---

[53] Bernard Pechberty, "Apports actuels de la psychanalyse à l'éducation et l'enseignement: un éclairage fécond", *Revue de Didactologie des Langues-cultures*, vol. 3, n. 131, pp. 265-273, 2003; Marise Bartolozzi Bastos, *Inclusão Escolar: Um Trabalho com Professores a Partir de Operadores da Psicanálise*, São Paulo, Instituto de Psicologia, Universidade de São Paulo, 2003 (Dissertação de Mestrado); Marise Bartolozzi Bastos e Maria Cristina Machado Kupfer, "A Escuta de Professores no Trabalho de Inclusão Escolar de Crianças Psicóticas e Autistas", *Estilos da Clínica*, vol. 15, n. 1, pp. 116-125, 2010; Sandra F. C. Almeida, "Formação Continuada de Professores: Conhecimentos e Saber na Análise Clínica das Práticas Profissionais", *Estilos da Clínica*, vol. 17, n. 1, pp. 76-87, 2012; Marcelo Ricardo Pereira, *O Nome Atual do Mal-Estar Docente*, Belo Horizonte, Fino Traço, 2016; Sandra F. C. Almeida e Rosana Márcia Rolando Aguiar, "A Pesquisa-Intervenção na Formação Continuada de Professores e o Dispositivo de Análise das Práticas Profissionais, de Orientação Psicanalítica: Revisitando Algumas Questões e Considerações", *Educar em Revista*, n. 64, pp. 89-101, abr.--jun. 2017; Rinaldo Voltolini, "Formação de Professores e Psicanálise"; Rinaldo Voltolini, *Psicanálise e Formação de Professores*; Margareth Diniz e Marcelo Ricardo Pereira, "A Presença da Psicanálise na Universidade: Pesquisa e Dispositivos para a Formação Docente", *Revista Faeba – Ed. e Contemporaneidade*, vol. 29, n. 60, pp. 84-101, out.-dez. 2020.

[54] Mireille Cifali, "Conduta Clínica, Formação e Escrita", em Léopold Paquay *et al.* (orgs.), *Formando Professores Profissionais*, p. 103.

Ser clínico é precisamente partir de algo dado, de expectativas, de referências prévias e, mesmo assim, aceitar ser surpreendido pelo outro, inventar na hora, ter intuição, golpe de vista, simpatia [...], envolvimento transferencial de onde um dia, nesse minuto, nesse acompanhamento poderá emergir uma palavra ou um gesto que terá efeito[55].

Para a autora, a conduta clínica deveria estar presente na formação inicial dos professores, mas, dado o contexto que vimos trilhando, é possível expandi-la e pensá-la também na esfera da formação continuada, desde que presente em modelos de formação que abram espaço à dimensão de sujeito do inconsciente ao dar voz para a experiência docente como fonte de pesquisa. Nas palavras da autora: "É importante, sobretudo, manter aberta essa conduta na formação contínua, na qual a experiência ajuda o profissional a antever seu desafio e a se guardar de aviltá-la na formação inicial"[56].

A proposição feita por Cifali alinha-se ao que Marcelo Pereira descreve como método de orientação clínica cuja intervenção no contexto de formação de professores é propor que o professor reflita sobre sua prática, formalize seus impasses para "destravar identificações, construir saídas e elaborar-se"[57]. Independente do objetivo ou do contexto de pesquisa dos autores citados, o dispositivo clínico permite colocar em cena o sujeito de modo que o professor ocupe o lugar de implicação com suas ações pedagógicas e educativas ao atribuir seu próprio sentido às suas intervenções, como tentaremos demonstrar a seguir.

---

[55] *Idem*, p. 106.
[56] *Idem*, p. 110.
[57] Marcelo Ricardo Pereira, *O Nome Atual do Mal-Estar Docente*, p. 77.

Em suas pesquisas acerca da formação de professores, Bernard Pechberty[58] afirma que a abordagem clínica de orientação psicanalítica vem contribuindo significativamente para leituras e compreensões sobre os contextos educacionais e de ensino, viabilizando possibilidades de intervenção tanto no campo da formação de professores quanto no campo da pesquisa. Assim como outros importantes pesquisadores do campo da educação como Claudine Blanchard-Laville[59], Pechberty reitera a importância da contribuição do Grupo Ballint[60] e sua grande influência no campo da formação de professores. Sendo um dispositivo inicialmente aplicado à supervisão e formação de trabalhadores da saúde, o autor reforça as contribuições fundamentais do dispositivo para a formação de professores, pois ele permite que as falas pessoais possam tornar-se significantes de como se atua em sala de aula assim como das decisões tomadas pelo professor no cotidiano escolar. Em suas palavras:

> [...] os diferentes níveis do eu profissional e pessoal são mobilizados entre passado e presente, afetos e pensamento. A elaboração posterior dos efeitos do passado na prática atual permite ao professor operar vínculos móveis,

---

[58] Bernard Pechberty, "Apports actuels de la psychanalyse à l'éducation et l'enseignement".

[59] Claudine Blanchard-Laville, "Em Defesa de uma Clínica de Orientação Psicanalítica em Ciências da Educação", *Estilos da Clínica*, vol. 12, n. 22, pp. 208-223, 2007.

[60] O Grupo Balint fora criado pelo médico e psicanalista húngaro Michael Balint, como um dispositivo de grupo inicialmente utilizado na formação de médicos, em Londres, na Inglaterra, em meados dos anos 1950. Com o objetivo estrito de formação, ele acontecia por meio de discussões entre pares especialmente focadas na relação médico-paciente. Segundo Pechberty, esse dispositivo formativo foi bastante difundido na França e serviu como referência conceitual na análise das práticas profissionais, inclusive no campo educativo (Bernard Pechberty, "Apports actuels de la psychanalyse à l'éducation et l'enseignement").

reorganizações identitárias. A recompensa é uma mudança de atitude e um outro encontro possível de trabalho[61].

Para Pechberty, o dispositivo proposto por Balint pode ser considerado um exemplo do que ele chamou de *l'éclairage*[62] clínica das práticas de ensino. Isso porque ele propõe reunir profissionais atuantes com o mesmo *status* profissional, coordenados por um líder ou analista (ou animador de grupo) que sugere aos participantes que apresentem uma situação experienciada com algum aluno, em sala de aula ou mesmo no contexto institucional, que lhe tenham suscitado questionamentos. Este trabalho parte da hipótese de que as falas dos participantes, carregadas de conteúdos inconscientes, representam aquilo que persiste e emerge nas atitudes e ações tomadas em seus cotidianos profissionais e podem se tornar significantes de uma outra realidade psíquica. Nesse sentido, o princípio que subjaz esse dispositivo reconhece valor na fala do professor e a importância de escutar as ressonâncias inconscientes nas diferentes maneiras de cada sujeito se relacionar com o saber e com o conhecimento. As ideias construídas por Balint e relatadas por Pechberty[63] nos permitem pensar que um grupo pode configurar um contexto formativo.

Na esteira deste método, Marise Bastos e Maria Cristina Kupfer também defendem o dispositivo grupal na

---

[61] "[...] les différents niveaux du soi professionnel et personnel se mobilisent entre passé et présent, affects et pensée. L'élaboration après coup des effets du passé dans la pratique actuelle permet à l'enseignant d'opérer des liens émouvants, des remaniements identitaires. Le gain en est un changement d'attitude et une autre rencontre de travail possible" (Bernard Pechberty, "Apports actuels de la psychanalyse à l'éducation et l'enseignement", p. 268, tradução livre nossa).

[62] *Idem*, p. 267.

[63] *Idem, ibidem*.

formação de professores, especialmente no trabalho com a inclusão escolar, por acreditarem que a interlocução entre os participantes permite que possam se interrogar "a respeito das diferentes significações atribuídas aos 'sintomas' dessas crianças, além de poder refletir sobre o mal-estar inerente ao campo da educação"[64].

Entendendo o grupo de professores como uma estrutura discursiva, Bastos e Kupfer[65] pautam-se na formulação lacaniana dos quatro discursos como ferramenta de leitura das articulações formuladas nos grupos. Assim como Pechberty[66], as autoras propõem que a exposição das situações vivenciadas gera nos professores o que Lacan chamou de "confrontação do sujeito com o seu próprio dizer [...] por ser um dizer esclarecedor"[67]. Esse ato de dizer e se confrontar com o que se diz permite que o professor emerja como sujeito do inconsciente e possa se dar conta de sua implicação subjetiva na situação relatada. Bastos e Kupfer nos dizem que, diferentemente de uma formação pautada na racionalidade técnica que visa receitar *modos de fazer* da prática pedagógica, no dispositivo grupal, "Uma vez que não obtém respostas fechadas de como devem proceder e conduzir sua tarefa educativa, os professores se veem desafiados a criar seu próprio fazer educativo"[68].

---

[64] Marise Bartolozzi Bastos e Maria Cristina Machado Kupfer, "A Escuta de Professores no Trabalho de Inclusão Escolar de Crianças Psicóticas e Autistas". Cf. também Marise Bartolozzi Bastos, *Inclusão Escolar: Um Trabalho com Professores a Partir de Operadores da Psicanálise*.

[65] Marise Bartolozzi Bastos e Maria Cristina Machado Kupfer, "A Escuta de Professores no Trabalho de Inclusão Escolar de Crianças Psicóticas e Autistas".

[66] Bernard Pechberty, "Apports actuels de la psychanalyse à l'éducation et l'enseignement".

[67] Jacques Lacan, "A Direção do Tratamento e os Princípios do seu Poder", p. 598.

[68] Marise Bartolozzi Bastos e Maria Cristina Machado Kupfer, "A Escuta de Professores no Trabalho de Inclusão Escolar de Crianças Psicóticas e Autistas", p. 124.

De maneira semelhante, Rosana Aguiar e Sandra Almeida[69], investidas em projetos de pesquisa-intervenção como uma possível modalidade de formação continuada de professores, pautadas no modelo de escuta clínica, propõem-se a escutar professores por meio do dispositivo grupal de modo que eles possam relatar situações profissionais, sendo capazes de analisar suas próprias ações assim como as de seus pares[70]. Alinhadas às proposições de Bastos e Kupfer[71], as intervenções feitas nos grupos de professores também se baseiam na teoria dos quatro discursos de Lacan[72] para analisar as práticas profissionais ali narradas. Ambas as pesquisas partem da premissa de que a escuta clínica de professores no dispositivo grupal pode permitir a construção de saberes sobre si mesmos e sobre suas práticas profissionais. Almeida e Aguiar destacam ainda que para que a construção de um saber ocorra é preciso a confrontação com o imponderável e imprevisível, "abrindo mão de uma segurança preestabelecida"[73], dado que é com o inesperado que a psicanálise pode intervir, dando lugar ao sujeito do inconsciente.

Nesse sentido, o dispositivo grupal de escuta clínica opera no fazer falar do professor e em uma escuta clínica destas falas que permite a integração de "saberes

---

69 Sandra F. C. Almeida, "Formação Continuada de Professores"; Sandra F. C. Almeida e Rosana Márcia Rolando Aguiar, "A Pesquisa-Intervenção na Formação Continuada de Professores e o Dispositivo de Análise das Práticas Profissionais, de Orientação Psicanalítica".
70 Sandra F. C. Almeida, "Formação Continuada de Professores".
71 Marise Bartolozzi Bastos e Maria Cristina Machado Kupfer, "A Escuta de Professores no Trabalho de Inclusão Escolar de Crianças Psicóticas e Autistas".
72 Jacques Lacan, *O Seminário*, Livro 17: *O Avesso da Psicanálise*.
73 Sandra F. C. Almeida e Rosana Márcia Rolando Aguiar, "A Pesquisa-Intervenção na Formação Continuada de Professores e o Dispositivo de Análise das Práticas Profissionais, de Orientação Psicanalítica", p. 91.

construídos (mantidos em suspensão) e saberes experienciais, vivenciais na relação com o outro"[74]. Essas posições sustentam como objetivo principal a implicação desejante do professor no seu fazer pedagógico e educativo, pois, ao confrontar-se com o seu próprio dizer, ele pode construir novos sentidos para a sua prática.

Sobre uma das contribuições fundantes do dispositivo grupal defendido por Pechberty[75], Sandra Almeida reconhece que nesse contexto grupal trata-se de:

> [...] apontar a fala *implicada*, subjetivamente, com a verdade do sujeito, que abre a possibilidade, ao menos, de um *semidizer* enunciado pela cena inconsciente que comanda o desejo do professor em relação ao seu ofício[76].

Nesse sentido, o valor máximo presente nos dispositivos grupais como modelo de formação docente reside em dar crédito e valor às narrativas apresentadas pelos professores, validando as reverberações inconscientes que marcam os seus modos de se relacionar com o saber e o conhecimento presentes em suas ações cotidianas na escola. Para Rinaldo Voltolini, o que interessa à *démarche* psicanalítica presente nestes modelos de formação de professores é a especial relação entre a verdade e o saber, "Enquanto na abordagem conceitual-instrumental, fundada desde o paradigma da ciência, o saber é aquilo que leva à verdade, na abordagem clínica, por sua vez, o saber e a verdade

---

[74] *Idem, ibidem.*
[75] Bernard Pechberty, "Apports actuels de la psychanalyse à l'éducation et l'enseignement".
[76] Sandra F. C. Almeida, "Formação Continuada de Professores", p. 82, grifos do original.

aparecem disjuntos"[77], sendo a verdade aquilo que aparece na falha de um saber. Sandra Almeida reforça a validade do dispositivo enquanto um trabalho de elaboração psíquica com objetivos profissionalizantes e formativos, ao dizer que nesses grupos não são transmitidos saberes teóricos e nem conhecimentos informativos, "pois o trabalho é totalmente focado na análise de natureza profissional trazidas pelos participantes"[78]. Nesse sentido, é quando algo do saber do professor não marcha como o esperado que algo da verdade pode emergir e servir como um possível caminho para desvendar o impasse.

Aqui se faz importante demarcar o papel do mediador/animador do dispositivo grupal, porque caberá a ele a função da interpretação enquanto aquilo que Voltolini[79] chamou de descolamento do sentido que aliena o sujeito (que se difere da interpretação via busca de sentidos), dado que algo da verdade pode emergir dando espaço para uma possível elaboração.

Nessa perspectiva, Almeida e Aguiar[80] enfatizam a relevância do papel e da formação do mediador do grupo. As autoras destacam a importância desse profissional ter uma "implicação desejante" na esfera da formação de professores de modo que possa garantir a voz dos participantes por meio da oferta da circulação da palavra e da escuta do outro. De maneira análoga à prática clínica, o mediador deverá suspender a sua verdade e ocupar o lugar de Sujeito Suposto Saber, por meio da transferência:

---

77 Rinaldo Voltolini, *Psicanálise e Formação de Professores*, p. 85.
78 Sandra F. C. Almeida, "Formação Continuada de Professores", p. 82.
79 Rinaldo Voltolini, *Psicanálise e Formação de Professores*.
80 Sandra F. C. Almeida e Rosana Márcia Rolando Aguiar, "A Pesquisa-Intervenção na Formação Continuada de Professores e o Dispositivo de Análise das Práticas Profissionais, de Orientação Psicanalítica".

Certamente, este ato implica carta transgressão ao *a priori*, ao já traçado, abrindo espaço para a criação de novos sentidos e lançando desafios a todo profissional que se proponha a ocupar a posição de mediador nos grupos de análise das práticas profissionais. Destarte, dá lugar ao próprio estilo de trabalho no manejo da transferência, à criação do novo âmbito do percurso clínico empreendido e ao exercício da renúncia ao saber-todo, ao já estabelecido[81].

Ao renunciar ao saber-todo, o mediador, que ocupa um lugar estratégico e fundamental neste dispositivo, assume uma atitude de evitar cair no lugar da produção de prescrições pedagógicas e receitas prontas que reproduzem os modelos que seguem a utopia racionalista de formação. Nesse sentido, é necessário que, ao ocupar este lugar no dispositivo grupal, viabilize as confrontações dos professores com os seus dizeres, para não camuflar as singularidades das falas dos professores (as manifestações do sujeito do inconsciente) e favorecer os possíveis deslizamentos das questões suscitadas no grupo.

Nessa linha, Margareth Diniz e Marcelo Pereira, partindo de um levantamento acerca de pesquisadores(as) brasileiros(as) no campo da psicanálise e educação, nos dizem que a transmissão que ocorre no modelo de formação de professores que situamos como dispositivo grupal com o método clínico, ao contrário do que se passa no modelo racionalista, se dá por aquilo que falta, "a partir da marca da castração no Outro que permite ao sujeito constituir seu desejo de conhecer"[82]. Ao não encontrarem respostas

---

[81] *Idem*, p. 97.
[82] Margareth Diniz e Marcelo Ricardo Pereira, "A Presença da Psicanálise na Universidade", p. 96.

prontas e totalizantes no Outro[83], os professores, enquanto sujeitos, podem se confrontar com seus dizeres e produzir um conhecimento enquanto resto[84]. Os autores seguem afirmando que esse modelo formativo permite a produção de algo que inclui o sujeito e o outro em um mesmo movimento, pois "embora a interrogação seja singular, ela incorpora traços compartilhados, significantes, que no coletivo permitem que cada um elabore sua própria produção"[85].

Para Rinaldo Voltolini, portanto, a *démarche* clínica colocada em ação na proposta de formação de professores, no caminho oposto ao oferecido pelo modelo racionalista de ampliar o conhecimento, busca diminuir a alienação ao saber do Outro. Esse processo, segundo o autor, só é possível por meio da elaboração, e "elaborar passa, fundamentalmente, pelo exercício da palavra"[86]. Um exercício capaz de situar a fala como um acontecimento do sujeito, marcado pela cadeia significante.

Nesse sentido, a oferta do dispositivo de escuta de professores visa, antes de mais nada, buscar (re)estabelecer a dialética que dê espaço para o professor reconhecer-se professor e, assim, poder refletir sobre suas estratégias de trabalho.

Temos, portanto, que a proposição de um dispositivo grupal centrado na escuta clínica na formação de professores, tal como o exposto acima, permite que o professor se perceba implicado subjetivamente em sua prática, podendo (re)significar suas ações, conflitos e impasses, tendo a

---

[83] Podendo ser entendido como o mediador do grupo ou até mesmo o modelo da formação.
[84] Margareth Diniz e Marcelo Ricardo Pereira, "A Presença da Psicanálise na Universidade".
[85] *Idem*, p. 96.
[86] Rinaldo Voltolini, *Psicanálise e Formação de Professores*, p. 84.

chance de se (re)posicionar diante daquilo que, inicialmente, se apresentava no registro da impotência. A oferta de espaços de voz e de uma escuta clínica para os professores oferece a possibilidade de fabricar uma abertura ao inesperado. Nas palavras de Rosilene Gursky, "como em um convite àquilo que do silêncio pode se transformar em algo novo para o sujeito-professor"[87].

Diante do exposto, nos parece que a oferta de espaços de troca de experiências e práticas entre professoras e professores opera de modo a produzir significativas transformações, como nos aponta Voltolini:

> [...] a separação entre aquilo que é da ordem do simbólico e do imaginário, a evidência de que existem saberes não sabidos, e isso nada tem a ver com a falta de competência no exercício docente, e a possibilidade de promover uma circulação discursiva onde o *solitário* da relação com o saber encontra o *solidário* e uma grupalidade lógica[88].

Temos, portanto, algumas possíveis saídas formativas que permitem escapar do atual modelo hegemônico de formação de professores, ao oferecer espaço de escuta ao sujeito do inconsciente para que o professor-sujeito possa confrontar seu próprio dizer e acessar saberes (ainda) não sabidos no exercício de sua docência.

À despeito do panorama apresentado, é possível que o professor ocupe uma posição de protagonismo diante seu percurso formativo? Em outras palavras, é possível que o

---

[87] Rosilene Gursky, "Formação de Professores e Transmissão da Experiência: Narrar, Poetar, Profanar", em S. Z. Moschen e C. K. Vasques (orgs.), *Psicanálise, Educação Especial e Formação de Professores: Construções em Rasuras*, Porto Alegre, Editora da UFRGS, 2017, p. 76.

[88] Rinaldo Voltolini, *Psicanálise e Formação de Professores*, p. 136, grifos do original.

professor assuma outros lugares discursivos que enunciem sua implicação subjetiva diante da oferta de formações?

**Professor comprometido
ou implicado com
sua formação?**

Da escuta das professoras e professores com os quais estivemos, acerca do que os mobiliza ao realizar uma formação, nos deparamos com duas importantes questões: a primeira nos leva a pensar a respeito da ordem do compromisso do professor com a sua formação (que se constituiria pela via do ideal de eu), enquanto a segunda é o que entendemos por implicação subjetiva do professor frente ao contexto da formação docente (que se constituiria pela via do desejo).

No que diz respeito à ordem do compromisso, nos aproximamos de uma das elaborações freudianas sobre a noção de ideal[89], que seria um suposto instrumento de medida pelo eu para avaliar a si mesmo, como o substituto do narcisismo infantil. As primeiras ideias sobre a noção de ideal surgem em seu texto "Sobre o Narcisismo: uma Introdução", ao construir a teoria da libido e a formação do ideal necessário para a condição da repressão[90].

---

[89] Sigmund Freud, "Sobre o Narcisismo: Uma Introdução" [1914], *A História do Movimento Psicanalítico*, Rio de Janeiro, Imago, 1996 (Edição Standard Brasileira das Obras Psicológicas Completas, XIV).

[90] Neste texto, Freud diz que: "A repressão, como dissemos, provém do ego; poderíamos dizer com maior exatidão que provém do amor-próprio do ego" (*idem*, p. 100), sendo que, para o ego, a formação de um ideal seria condição essencial para a repressão.

Nesse contexto, Freud discorre sobre o surgimento do narcisismo do sujeito que segue a direção ao novo *ideal de Eu*[91], o que ele definiu como "o ego infantil, possuído de toda a perfeição e valor"[92]. Ainda nesse contexto, Freud nos diz que o que o sujeito projeta diante de si como sendo seu ideal é o substituto do narcisismo "perdido na infância na qual ele era o seu próprio ideal"[93]. O Eu, portanto, se constitui como tal em face desta imagem de perfeição e completude, dirigindo o amor, desfrutado na infância, a si mesmo. Ao não querer se privar da perfeição narcísica, projeta diante de si o seu ideal, como substituto do narcisismo perdido. Freud também deixa claro que o *ideal do Eu* desvenda um importante panorama para compreendermos a constituição dos grupos, pois além do seu aspecto individual, esse ideal tem seu aspecto social; constituindo também o ideal comum de uma família ou mesmo uma nação.

Um pouco mais adiante em seu percurso metapsicológico, Freud, no texto *O Ego e o Id*, estabelece relação entre o ideal de eu e a instância do supereu. Sua nova construção revela que o supereu seria uma parte inconsciente do ego. Em suas palavras:

> Enquanto o ego é essencialmente o representante do mundo externo, da realidade, o superego coloca-se diante dele como mandatário do mundo interno, do Id. Os conflitos entre o Ego e o ideal refletirão, em última análise, como agora

---

[91] Aqui utilizaremos o termo *Eu* para nos referenciarmos ao Ego, baseado nas novas traduções das Obras Psicológicas Completas de Sigmund Freud, contudo, nas citações diretas, utilizaremos o termo Ego, assim como Id (Isso) e Superego (Supereu), tal como estão na tradução da obra consultada.
[92] Sigmund Freud, "Sobre o Narcisismo: Uma Introdução", p. 100.
[93] *Idem*, p. 101.

estamos mais dispostos a admitir, a oposição entre o real e psíquico, o mundo externo e o mundo interno[94].

Nesse ponto de elaboração, Freud ainda considerava o Supereu como sinônimo do ideal de Eu, sustentando certa ambiguidade em suas funções, que ora estavam ligadas ao ideal e à proibição, ora às funções repressoras.

O que nos interessa primordialmente da elaboração freudiana acerca das noções de ideal de Eu e Supereu, é essencialmente a ideia de que o ideal de Eu "responde a tudo o que é esperado da mais alta natureza do homem"[95]. Em outras palavras, nos interessa tomar a concepção de supereu como o herdeiro da instância parental e, portanto, representante das exigências éticas do homem.

Isto posto, entendemos que algumas narrativas das professoras e professores com os quais estivemos nos revelam uma posição diante da formação que lhes confere um lugar de tentar corresponder às exigências externas e, portanto, alheias ao desejo de um sujeito-professor. Entendemos que os professores muitas vezes são induzidos a esta posição pelos *modismos pedagógicos* que entram na jogada como "garotos-propaganda" do Estado.

Em conversa com Ana Elisa, ela destaca o que considera fundamental para se tornar "empregável" na esfera das escolas privadas. Ela deixa claro que quanto mais cursos o professor realizar, mais atraente ele será para ser contratado:

---

[94] Sigmund Freud, *O Ego e o Id* [1923], Rio de Janeiro, Imago, 1996 (Edição Standard Brasileira das Obras Psicológicas Completas, XIX), p. 51.
[95] *Idem*, p. 49.

> [...] ter vários cursos de didática te torna empregável. Você é uma professora que está se formando continuamente, *você está investindo na educação* e isso te *torna empregável*[96].

Esse trecho deixa evidente que Ana Elisa reconhece a imposição social e a relação direta da formação contínua com a maior chance de se obter um emprego. Essa fala ilustra que o que muitas vezes mobiliza o professor a realizar formações continuamente não está relacionado à ordem de um desejo, mas sim à ordem de um compromisso, uma questão econômica e social, pois para garantir o emprego é necessário atender à exigência do mercado, seguir a lógica da atualização e do acúmulo de conhecimento.

Reconhecemos nas falas de outras professoras, assim como de professores, algo semelhante que os posiciona no lugar de atender a lógica de mercado (e à suposta expectativa que tal lógica parece depositar no professor) que vem sustentando o campo da educação:

> [...] depois que eu descobri que queria trabalhar na educação, fui me especializando cada vez mais nessa área *para me tornar um professor melhor e mais completo*[97].
>
> O que me levou a fazer esses cursos foi a *necessidade de me atualizar*. Acho que *alguns aspectos na minha formação de pedagogia exigem isso*[98].

As falas de Fernando e Luiza deixam claro que a profissionalização do professor impõe exigências de formação contínua que o posicionam no lugar de ser permanentemente

---

[96] Trecho de entrevista com a professora Ana Elisa, grifos nossos.
[97] Trecho de entrevista com o professor Fernando, grifos nossos.
[98] Trecho de entrevista com a professora Luiza, grifos nossos.

atualizado para atender à lógica de mercado, reproduzindo a posição de infantilização do professor[99] que nunca alcança um saber suficiente, como também a de um proletário de quem o saber foi outrora extraído e que precisa ser reabastecido permanentemente a fim de operar a máquina do ensinar. Vemos na fala de Ana Luísa como isso se evidencia em sua percepção:

> Eu acho que *todo profissional* tem que estar se *atualizando o tempo todo*, né? Porque as discussões vão mudando, se atualizando e se diversificando[100].

De maneira parecida, a professora Gisele nos conta sobre seu movimento de busca por formações:

> Já fiz dezenas de cursos. Eu amo estudar, então quando é curso gratuito, *online, eu sempre me inscrevo*. Se eu tenho tempo pra fazer, sempre me inscrevo[101].

Ao passo que esse trecho narrado por Gisele nos conta sobre a frenética busca por formações, que parece embarcar na lógica de mercado imposta pelos *modismos pedagógicos* presentes nos modelos formativos, ela também nos leva a questionar a não reflexão sobre as escolhas dos cursos que realiza. Não sabemos exatamente o que a leva a "sempre se inscrever" nos cursos, mas essa fala nos permite problematizar novamente a posição do professor como profissional que deve acompanhar o mercado e manter-se reabastecido continuamente com novos conhecimentos,

---

[99] Daniel Revah, "O Docente 'em Falta' como Figura Cristalizada".
[100] Trecho de entrevista com a professora Ana Luísa, grifos nossos.
[101] Trecho de entrevista com a professora Gisele, grifos nossos.

ao mesmo tempo que também o posiciona no lugar do proletário que nada tem a contribuir com o que lhe é oferecido.

Do mesmo modo que as falas das professoras e professores com quem estivemos foram nos revelando as posições discursivas que ora os situam no lugar de proletários, ora no de profissionais, pudemos extrair relatos que nos revelam não apenas a posição de professor comprometido (que se vincula aos cursos de modo a corresponder à demanda de mercado – ideal – e à lógica neoliberal do campo educacional, excluindo a dimensão própria do inconsciente), conforme exposto acima, como também a de professor implicado com a sua formação, que permite colocar em cena dimensão do desejo.

Por professor implicado entendemos a presença em cena de uma implicação subjetiva em contraposição a uma implicação objetiva que opera na ordem da consciência e que o mobiliza a realizar cursos de maneira predeterminada para, como nos diz o professor Fernando:

> [...] se tornar um professor *melhor* e mais *completo*[102].

Por implicação subjetiva, entendemos a presença de uma mobilização subjetiva, involuntária e, portanto, inconsciente do sujeito. A perspectiva psicanalítica nos apresenta um sujeito – sujeito do inconsciente – descentrado do Eu da consciência e estabelece desde então uma relação entre Eu e sujeito um tanto quanto conflituosa, por meio da qual é possível atribuir muitos outros sentidos a um único ato exposto pelo Eu. Nessa linha, considerar a implicação subjetiva é reconhecer a presença da divisão entre Eu e sujeito do inconsciente em toda ação humana.

---

[102] Trecho de entrevista com o professor Fernando, grifos nossos.

É reconhecer que no dizer de um professor estão presentes muitos outros significados e ações para além daquela exposta em palavras. Sobre esse importante aspecto, Voltolini nos diz que a psicanálise nos permite situar a implicação subjetiva como "posição subjetiva inscrita na dinâmica de um discurso que tece o laço social"[103].

Na escuta das professoras e professores, identificamos falas que evidenciam a implicação subjetiva do professor, ao se posicionar subjetivamente na dinâmica do discurso posto em circulação.

Ana Luísa deixa clara a importância de o professor se posicionar diante das ofertas formativas como ativo e autoral, ao reconhecer o valor dos cursos em si, mas afirma que ele não deve encerrar sua formação no curso em si, demonstrando o caráter subjetivo da formação:

> Eu acho que *nenhum curso resolve o problema*. Os cursos *te dão caminhos,* e depois percorrer esse caminho é tarefa sua, né? Ninguém aprende em curso. A gente descobre algumas coisas, algumas referências, *mas eles são importantes por isso*[104].

O que Ana Luísa expõe em sua fala nos leva a pensar que um curso significativo para o professor é aquele que, de certa maneira, o atravessa e cujo aprendizado ele pode ampliar a partir do que identifica na realidade de sua própria prática. Reconhecemos na fala a seguir uma aparente implicação subjetiva da professora Luiza diante de sua prática e, portanto, dos cursos que busca e realiza, posicionando-se como protagonista de seu percurso formativo. Esse posicionamento se aproxima do que as pesquisas

---

[103] Rinaldo Voltolini, comunicação pessoal, 1.11.2020.
[104] Trecho de entrevista com a professora Ana Luísa, grifos nossos.

que utilizam os dispositivos grupais como método clínico de escuta de professores buscam evidenciar: a formação de professor somente ocorre por meio da implicação subjetiva.

> [...] eu fui sentindo, [...] há uns cinco anos, que eu não conseguia mais atingir meus alunos. O jeito que eu estava construindo o trabalho, ele não estava mais chegando nas crianças [...]. *Eu tive que rever, repensar a prática e aí eu fui buscar outros cursos*. Alguns que direcionassem um pouco a prática educativa do dia a dia, também alguns voltados para Paulo Freire, são coisas que foram me fazendo ficar mais próxima dos questionamentos dos alunos. E eu fiz alguns cursos que me fizeram revisitar a teoria para aprofundar, tendo esse pensamento em espiral em que a gente revisita os conceitos[105].

De modo interessante, apesar de ter demonstrado uma espécie de consumo ao dizer que costuma realizar muitos cursos, gratuitos ou pagos, sem parecer refletir muito sobre as escolhas ou as contribuições que cada um poderia trazer para a sua prática, Gisele destaca um curso em especial, que buscou por iniciativa própria e que parece ter contribuído de maneira significativa para sua prática pedagógica:

> [...] eu tive a oportunidade, também, de fazer uma pós *lato sensu* em educação bilíngue que eu amei! Foi um divisor de águas na minha carreira, e até hoje isso reverbera não só na minha prática profissional, mas na minha vida mesmo[106].

---

[105] Trecho de entrevista com a professora Luiza, grifos nossos.
[106] Trecho de entrevista com a professora Gisele.

A fala de Gisele também deixa evidente a sua implicação subjetiva não apenas ao se posicionar como receptora dos conteúdos para serem aplicados na prática, mas também ao se deparar com a possibilidade de ampliar o que lhe foi ensinado.

Apesar de já termos discutido anteriormente a queixa docente diante da distância entre teoria e prática e na fala de Fernando, que revela o descompasso entre a oferta e a realidade escolar, é interessante discutir que em outro momento ele reconhece a importância de um espaço de escuta dos professores para modular ou customizar as ofertas de formação de acordo com a realidade da sala de aula:

> Acho que *falta um pouco de diálogo com a classe dos professores na hora de ofertar um curso,* na hora de ver aquilo que realmente tem de problema na sala de aula ou de dificuldade pro professor. Então é por isso que acabo buscando fora, porque eu acho que o que *eu busco fora acaba atendendo mais aquilo que eu preciso aprender, aquilo que eu identifico como uma necessidade minha, e aí eu vou fazendo...*[107]

Além de reconhecer a importância de escutar os professores e dar voz ao que se passa na cena pedagógica e educativa, ao afirmar que busca cursos por fora da oferta do Estado, Fernando expõe que esse modelo de formação não funciona e é, portanto, insuficiente, deixando claro que vai à busca de informações que garantam esse espaço de reconhecimento de saber.

Sobre o fato de irem em busca de cursos por conta própria, as professoras e professores levantaram pontos bastante relevantes que os mobilizaram a realizar tais cursos.

---

[107] Trecho de entrevista com o professor Fernando, grifos nossos.

Ana Luísa, historiadora de formação, interessada pela história da África, buscou um curso que contemplasse os conteúdos que sentia ainda lhe faltar, ao passo que também ampliou a formação com um curso que supostamente não era de interesse da escola, mas um interesse pessoal:

> E quando veio a Lei lá de 2002/2003 que trazia de volta ensino de África, tornava ele obrigatório nas escolas, embora as escolas não respeitem isso eu queria dar essa aula, *eu achava importante*, mas eu não tinha conhecimento suficiente daqueles conteúdos e fui pagar do meu bolso o curso para me qualificar, para poder dar aula, comprar livro, ler e me formar pra dar aquela parte do conteúdo que eu não tinha na minha formação. *Fui fazer um curso de língua iorubá.* [...] Fiz os módulos 1 e 2 *para entender um pouquinho como é o pensamento africano*, no caso iorubá, africano em geral, mas iorubá. *Porque na maneira que a língua se estrutura você também tem a maneira como as pessoas pensam.* Então, para poder também entender melhor isso. E eu não vou chegar na escola e falar "vocês não querem pagar um curso de língua iorubá"[108].

Portanto, temos que as vinhetas destacadas das narrativas das professoras e professores escutados contribuem para sustentar o que vimos construindo até o momento neste estudo sobre as posições discursivas que lhes são reservadas no discurso social e no campo da educação, assim como o sentido de suas queixas, que parecem enunciar a precariedade constitutiva de um modelo técnico racional de formação. Mas, mais do que isso, os relatos colhidos nos permitiram identificar a possibilidade de uma posição subjetiva de alguns professores, que, ao assumirem um

---

[108] Trecho de entrevista com a professora Ana Luísa, grifos nossos.

lugar ativo e protagonista na trajetória de suas formações, puderam entrar em contato com a ordem do desejo. A implicação subjetiva identificada aqui provoca um giro no eixo discursivo da relação saber e verdade, impedindo que o sujeito-professor se engane com o falso poder da oferta de conhecimento como a solução de todos os problemas e as respostas para todas as dúvidas.

Dado que o que pede o sujeito não é exatamente o que ele demanda, porque o que ele demanda não implica um objeto, ou seja, não é da ordem da necessidade, entendemos que o hiato ou a desproporção entre o que pedem os professores e os modelos de oferta formativa geram um resto que se configura nas queixas colhidas. Ao demandarem reconhecimento de saber (como expusemos a respeito das formações que se pautam no método clínico para a escuta de professores) e receberem em troca modelos prescritivos (que respondem à suposta demanda pela via da necessidade), criam-se as queixas que denunciam o mau funcionamento do modelo hegemônico de formação. Mas, de maneira interessante, ao deixarem claro que os modelos formativos são insatisfatórios e não atendem ao que pedem, eles podem assumir uma posição subjetiva que os coloca em cena no contexto da formação com suas próprias implicações.

Esse contexto nos permite supor que, apesar de o discurso pedagógico hegemônico se pretender totalizante, ao buscar o controle e a aplicação da técnica e, consequentemente, enredar os atores da ação educativa, há algo do impossível que se faz presente e cria possíveis saídas para o sujeito.

Dos caminhos possíveis, identificamos a implicação subjetiva presente como o elemento capaz de permitir que, no contexto da formação de professores, estes assumam suas ações educativas. No caso das formações de professores que se pautam no método clínico, reconhecemos a importância do espaço garantido para a escuta de cada participante – marcada pelas leis do significante – como meio possível de emergência do sujeito do inconsciente. Esse contexto formativo que viabiliza não apenas a troca coletiva entre professores como (e principalmente) o confronto com seus próprios dizeres permite relançar o sujeito em uma nova produção discursiva e tem como efeito possíveis mudanças de sentido para seu fazer pedagógico e educativo.

Não obstante o reconhecimento da importância destes modelos de formação, os relatos colhidos com as professoras e professores demonstram que, ao não se alienarem ao saber do Outro – alienação que conduz o professor a enveredar por falsas questões que o levam a demandas equivocadas de formação – e contestarem os modelos insatisfatórios de formação, eles comparecem em cena implicados subjetivamente com sua formação, como o exposto nos relatos de Gisele e Fernando. A implicação subjetiva, portanto, abre espaço para que aquilo que recebem de alguns cursos não apenas agregue significado às suas práticas pedagógicas como também lhes permita posicionarem-se discursivamente, de modo a assumirem a responsabilidade pelos seus atos educativos. Em outras palavras, traz o sujeito do inconsciente para a esfera do saber educativo.

Portanto, se vimos ressaltando a dimensão subjetiva é a fim de destacar que o esquecimento dela nas formações de professores deixa o conhecimento desconectado do saber, o que levará sempre o professor a aumentar sua queixa por mais formação docente, sem nunca se dar conta de que o conhecimento não responde ao que é do campo do saber.

5 Afinal, o Que Quer um Professor?

Esta pesquisa teve como horizonte de trabalho analisar e discutir as queixas dos professores acerca do campo da formação docente. O interesse em dedicar-se a este estudo partiu, inicialmente, de um contexto específico da formação de professores voltadas para as questões da inclusão escolar. Diante de falas que formulam queixas sobre a falta de formação para ensinar crianças e jovens com deficiências, uma interrogação pôde ser formulada. Assim, entendendo que a queixa de professores não se resume apenas à educação inclusiva, mas dirige-se ao campo da formação em geral, este estudo buscou ampliar o escopo de pesquisa e investigar a queixa docente presente no campo da formação de professores. Baseados na formulação lacaniana de que as palavras proferidas pelo sujeito em análise não representam exatamente o que ele pede ao analista, partimos da hipótese de que as queixas docentes não enunciam a real demanda dos professores, mas são compreendidas pelas instâncias formadoras como pedidos por mais formação e, consequentemente, atendidas por meio de um caráter de resolução funcional. Ao serem atendidas no registro da necessidade (que implica um objeto de satisfação), cria-se um descompasso ou uma desproporção entre o que pedem os professores e o que lhes é oferecido. A fim de aprofundar essa investigação, propusemo-nos a discutir e a problematizar a origem e os objetivos da formação continuada na contemporaneidade, que posiciona os professores em determinados lugares sociais, e a investigar a relação deles com os cursos de formação dos quais participam para localizar e entender o lugar da queixa na esfera formativa.

O primeiro capítulo teve o intuito de apresentar o histórico da constituição do papel do professor e localizar as implicações que o campo da formação de professores teve (e continua tendo) na posição social reservada aos docentes na atualidade. A apresentação inicial pautou-se em uma espécie de linha do tempo que, no seu desenrolar, revelou por meio das inúmeras reformas a constante ruptura de paradigmas que buscavam sustentar as políticas e práticas educacionais e, consequentemente, as diretrizes da formação de professores. Essa notória descontinuidade serviu para dar contornos à complexa conjuntura do campo que resulta na permanente adequação dos professores à cultura e aos modelos socioeconômico e escolar, ou na confecção do que Daniel Revah[1] nomeou "professor em falta", ou aquele que precisa estar sempre se formando, dado que cada novo paradigma de reforma educacional configura nos professores a ideia de estarem sempre

1 Daniel Revah, "O Docente 'em Falta' como Figura Cristalizada".

aquém das exigências demandadas pela sociedade. Vimos que a alta rotatividade das reformas também impõe uma problemática que acentua esse lugar do professor em falta, dado que entre uma nova proposição e outra não há tempo suficiente para que se aprofundem nos debates e nas análises dos possíveis efeitos em sua prática educacional.

A respeito dos paradigmas ou das novidades pedagógicas oferecidas nas formações, pudemos identificar nas falas de alguns professores atuantes tanto na esfera pública quanto na privada imposição dos conteúdos a serem transmitidos nas formações, deixando pouco espaço para uma autonomia de escolha por parte do professor. As professoras e professores com os quais estivemos revelaram suas percepções a respeito das decisões definidas pelas instâncias formadoras que seguem a lógica de que, quanto mais aprimoradas estiverem as ações pedagógicas, melhor será a qualidade do ensino. Apesar de assimilarem a presença dessa lógica que pouco oferece espaço para que os professores discutam suas próprias práticas, também reconhecem que o aprimoramento os torna mais qualificados para avançar na carreira. Na esfera privada, tal como nos contou Ana Elisa, o aprimoramento profissional os torna mais "empregáveis", ao passo que, na esfera pública, o aprimoramento entra no campo na bonificação e avanço na carreira:

> Na Prefeitura de São Paulo você [...] se forma continuamente, você ganha pontos e você anda pra cima por tempo de serviço, e para andar na linha você tem que fazer muitos cursos para andar na formação[2].

---

[2] Trecho de entrevista com a professora Ana Elisa.

Nesse sentido, vimos também o lugar ocupado pelas instâncias formadoras, lugar de fornecedoras supremas do como devem ser as ações pedagógicas. Ao passo que essas instâncias propõem uma valorização do professor como profissional capacitado e competente, por meio das contínuas ofertas de cursos reparatórios, também o posicionam na condição de proletário privado de seu saber, na linha do que propõem as formulações lacanianas.

Tendo esse panorama como ponto de partida, no segundo capítulo apresentamos os caminhos metodológicos da pesquisa. Para atingirmos os objetivos traçados, não pudemos nos furtar de escutar professores. Desse modo, conversamos ao todo com dez professoras e professores, sendo duas professoras e dois professores da rede pública de ensino e seis professoras e um professor da rede privada, com o intuito de escutá-los acerca de suas experiências com as respectivas formações. Dentre as perguntas dirigidas, buscou-se saber o que os motiva a realizar cursos de formação continuada, se identificam diferenças de impacto em suas práticas quando realizam um curso demandando pela instituição escolar ou por escolha pessoal e o que recolhiam de mais significativo após a formação continuada. Durante as conversas ficou evidente que, independentemente de atuarem na esfera pública ou privada, as professoras e professores realizaram uma grande diversidade de formações e identificam que, muitas vezes, estas operam na lógica contemporânea do imediatismo e da tentativa de solucionar possíveis problemas educacionais e pouco garantem espaços para a emergência da experiência pessoal e prática dos professores. Após escutarmos os relatos proferidos por cada professora e cada professor, fizemos algumas leituras do material e recolhemos o que se tornou mais significativo para a discussão e se prestava a responder às perguntas norteadoras deste trabalho. Pautados na pesquisa com método psicanalítico e sabendo que a psicanálise não destitui o sujeito do desejo na ação da pesquisa, os recortes selecionados possuem certa influência da pesquisadora quanto à maneira como foram construídas as problematizações. Os dados recolhidos foram utilizados na forma de vinhetas clínicas que colaboraram para a argumentação desta tese.

O segundo capítulo teve como objetivo primordial tecer algumas aproximações entre a noção de sujeito para a psicanálise, sua constituição em direção ao Outro primordial e a relação dos professores com as instâncias formadoras, que ocupam o lugar da supremacia e da garantia das ofertas formativas. Introduzimos e desenvolvemos o conceito de sujeito para a psicanálise, visando não apenas diferenciá-lo da noção de sujeito presente em outras perspectivas como as da psicologia e sociologia, como também demarcar a importância de reconhecer o sujeito do inconsciente, dado que é justamente essa dimensão que, em suposição inicial, aparece suprimida no campo da formação de professores. Ao aprofundarmos o conceito de sujeito bem como as implicações na sua constituição, tivemos a intenção de destacar que é no campo do Outro que ele se constitui, como efeito da ação da linguagem, portanto, há um apelo do sujeito ao grande Outro que o posiciona em determinado lugar na cadeia discursiva. Numa espécie de analogia com o campo da formação de professores, reconhecemos que ocorre uma notória identificação do lugar ocupado pelas instâncias formadoras com o lugar de grande Outro, sustentando uma crença persistente do campo educativo de que existe um Outro absoluto, um Outro que detém todo o conhecimento e as respostas para todo e qualquer dilema. Em contrapartida, recolhemos alguns depoimentos de professores que demonstraram embarcar nessa lógica, alienando-se no saber do Outro, de esperar que os cursos pudessem lhes fornecer "o caminho das pedras" por meio das respostas sobre como devem atuar em suas práticas docentes. Contudo, tendo em vista que o Outro que ensina também é um sujeito incompleto, ele não é capaz de possuir a resposta do que falta ao sujeito.

Nessa linha, constatou-se que as instâncias formadoras, por mais que tentem impor um saber que supostamente falta aos professores, esbarram na impossibilidade do controle pleno da ação educativa.

Por meio da análise dos relatos colhidos com as professoras e professores foi possível construir uma compreensão a respeito da rede discursiva presente no campo da formação de professores. As narrativas colaboraram para a constatação de que os modelos presentes nas ofertas formativas deixam de fora, portanto, a dimensão do sujeito do inconsciente, conforme elucidado nas discussões propostas nesse capítulo. Ao operarem nessa lógica discursiva, posicionam no lugar desprovido de saber os professores, que precisam apenas assimilar novos conhecimentos para fazerem funcionar a máquina de ensinar. Tal exame nos conduziu a construir uma suposição de que pelo fato do grande Outro ser incompleto é que as falhas na formação acontecem. Esse fato colhido contribuiu de maneira significativa para validar a hipótese inicial sobre o que subjaz à queixa docente.

Os conceitos psicanalíticos apresentados serviram de operadores de leitura para compreender os elementos que entram em jogo no campo da formação de professores e a posição discursiva ocupada por eles perante as ofertas formativas. Diante disso, fez-se importante entender a dinâmica social em cujas formações se situam.

Desse modo, foi necessário nos debruçarmos sobre a lógica social contemporânea a fim de entender de que maneira ela incide sobre o campo da formação de professores. Dada a constatação de que neste campo específico ocorre o predomínio da técnica e do método, como tentativa de garantir qualidade e controle da educação como decorrência da ideologia neoliberal, no terceiro capítulo foi necessário introduzir a origem do pensamento neoliberal, assim como as suas implicações sociais. De início, pautados em autores e pesquisadores das raízes do neoliberalismo[3] assim como do capitalismo contemporâneo[4], percebemos que o discurso neoliberal transformou os modos de ser e estar no mundo, que passaram a guiar-se pelo imediatismo, pelo acontecimento, pela competição, pelo consumo, pelo controle e pela renovação, imperativos do sistema capitalista que passaram a reger não apenas as relações com os bens de consumo como também as relações profissionais e sociais.

Dentre as implicações do sistema capitalista no campo educativo, as ideias de Dany-Robert Dufour[5] permitiram localizar a forte presença da mensuração e, portanto, da avaliação, como via de garantir a qualidade da educação, fortalecendo a ideia de que tudo e todos podem ser controláveis e contabilizáveis. Assim, recorremos à discussão proposta por Jacques-Alain Miller e Jean-Claude Milner[6] sobre o paradigma social problema-solução. A proposição dos autores contribuiu para situar a dinâmica dos cursos de formação sob a qual reside a máxima de que "quando um problema se coloca na sociedade, demanda-se aos políticos encontrar uma solução". A ideia debatida pelos autores nos levou a identificar essa mesma lógica presente no campo

---

[3] Pablo Gentilli, "Neoliberalismo e Educação: Manual do Usuário"; Alfredo Veiga--Neto, "Governamentalidades, Neoliberalismo e Educação".
[4] Richard Sennett, *A Cultura do Novo Capitalismo*.
[5] Dany-Robert Dufour, *A Arte de Reduzir as Cabeças*.
[6] Jacques-Alain Miller e Jean-Claude Milner, *Você Quer Mesmo Ser Avaliado?*

da educação e, mais precisamente, na formação de professores: diante de um problema educacional, avalia-se para corrigi-lo por meio da solução/oferta de formação.

Muitas das falas proferidas pelas professoras e professores com quem conversamos deixaram evidente a percepção de que o contexto das formações centra-se num esquema de produtividade, rendimento, competência e qualidade. Vanessa utiliza a palavra *produtividade* como uma imposição corrente no discurso social direcionado ao professor, que não pode estagnar, porque se parar, como nos disse Edgard, "quem irá culpá-lo?" Na mesma linha, identificamos na fala do professor Fernando o reconhecimento da questão ideológica nas decisões sobre o que deve ser transmitido aos professores nas formações. Tais colocações apenas reforçam a ideia construída sobre a presença da ideologia neoliberal e do capitalismo contemporâneo do imediatismo e da necessidade de reparação como solução presente na dinâmica da formação de professores.

Esse processo do capitalismo contemporâneo mostrou-se dominante na construção de conexões que atravessam as relações humanas e reproduzem nas relações sociais a lógica do consumo como essência, o que nos levou a buscar aportes teóricos na formulação lacaniana dos discursos a fim de compreender os lugares possíveis para os professores nas redes discursivas do campo da formação docente. Dada a constatação de que o campo da formação de professores carrega o caráter mercadológico no qual os *modismos pedagógicos* são oferecidos como objetos sob medida aos professores, foi possível identificar a forte presença do discurso do capitalista, tal como formulou Lacan[7]. Diante do cruzamento discursivo que incide

---

7   Jacques Lacan, *O Seminário*, Livro 20: *Mais, Ainda*.

sobre o campo da formação de professores, nas conversas com os sujeitos entrevistados, coletamos falas que foram dando destaque aos modos de enlaçamento social e à posição discursiva reservada aos professores. Em sua grande maioria, eles deixam evidente que o formato ou os modelos oferecidos nas formações reforçam o silenciamento dos professores, dado que não dialogam com a práxis[8] docente (ou correspondem a uma pequena parte dela), sustentando, portanto, um silenciamento do professor ao deixar de fora a dimensão do sujeito do inconsciente.

Os relatos expressos pelos professores se configuraram no que chamamos por queixa docente e aos poucos foram revelando um descompasso existente entre o modelo da oferta de formação e o que pedem os professores.

Diante do exposto, chegamos a questão central: a queixa dos professores. Para alcançarmos esse ponto, foi necessário apresentar e introduzir os conceitos de queixa, demanda e desejo na perspectiva psicanalítica a fim de contextualizar a queixa no contexto formativo, assim como compreender o que está por trás da queixa enunciada. Entendendo que a queixa é o modo como o analisante se apresenta ao analista para expressar seu sofrimento, seguimos o pressuposto de que a queixa docente poderia ser lida como a expressão de um incômodo oriundo do campo da formação de professores. Tomando como princípio a relação analista-analisante nas proposições lacanianas, foi possível distinguir os conceitos de demanda e necessidade (que muitas vezes são lidos e entendidos como sinônimos), assim como o de desejo, para realizarmos a leitura das dinâmicas discursivas que acontecem na formação de professores.

---

[8] Entendemos práxis como uma relação intrínseca e indissociada entre teoria e prática.

Tendo em vista a lógica contemporânea problema-solução presente no contexto social e na formação de professores, foi possível tecer algumas suposições que encontraram eco nas falas das professoras e professores escutados. Fomos entendendo que as queixas parecem denunciar o caráter insuficiente das ofertas formativas, mas são escutadas e entendidas como pedidos por mais formações. Em outras palavras, identificamos que a demanda formulada é atendida no registro da necessidade, para a qual diante do pedido existe um objeto de perfeito encaixe e sob medida, diferentemente do que propõe Lacan quando diz que a demanda é um apelo ao Outro e não a um objeto. Dado que para Lacan "demanda é intransitiva, não implica nenhum objeto"[9], compreendemos que a demanda dos professores, na maioria das vezes, é lida pelo Estado e pelas instâncias formadoras como uma necessidade que deve ser suprida. Esse "mal-entendido" entre o que se pede e o que se oferece não apenas cria uma perversão da demanda, como nos apontou Rinaldo Voltolini[10], como também amplia o hiato que torna evidente o impossível da tentativa de atender a demanda no registro da necessidade. Desta desproporção surge um resto que parece não cessar de se inscrever em forma de queixa.

A discussão feita nos levou a constatar que a lógica presente no contexto da formação de professores opera em um modelo reparatório cuja dimensão do sujeito do inconsciente é deixada de fora. Diante dessa constatação, passamos a levantar possibilidades de outros modelos possíveis de formação, nos quais a dimensão inconsciente pudesse ser contemplada de modo a colocar no centro da

---

[9] Jacques Lacan, "A Direção do Tratamento e os Princípios do seu Poder", p. 623.
[10] Rinaldo Voltolini, *Psicanálise e Formação de Professores*.

discussão o professor-sujeito. Vimos que os modelos que se pautam no método clínico de escuta dos professores em torno de dispositivos grupais configuram-se como saídas importantes, que escapam dos modelos reparatórios, pois oferecem espaço para a emergência do inconsciente. As propostas apresentadas nos deram pistas de que, ao sublinhar a presença do sujeito do inconsciente, é possível fazer trabalhar a relação do professor-sujeito com o seu próprio saber. Com a presença do inconsciente em cena, reconhecido e valorizado, podem assumir uma posição subjetiva de implicação com seus dizeres e, consequentemente, com os seus fazeres educativos. Falar em implicação subjetiva é considerar a presença da divisão entre o Eu da consciência – supostamente o responsável pelas ações e decisões – e sujeito do inconsciente, marcado pelos significantes.

Ao demarcarmos a implicação subjetiva como uma possível chave de mudança de posição do professor em relação ao seu saber, pudemos escutar os sujeitos de pesquisa e recolher em seus dizeres algo que demonstra a posição subjetiva em relação às suas formações e aos seus ofícios. Ainda que muito apropriadas e apropriados de um discurso que denuncia a fragilidade constitutiva do modelo reparatório da formação, ao contestarem o padrão engessado na lógica problema-solução, as professoras e professores nos deram pistas de que algumas vezes é possível não se submeter ao que é imposto por essa lógica. O professor Fernando e a professora Gisele, por exemplo, nos disseram o quanto as pós-graduações que ambos realizaram foram significativas tanto para suas atuações profissionais quanto para suas vidas pessoais. A professora Ana Elisa nos contou que o que a motivou a ingressar no mestrado foi a relação de seus alunos com a matemática, ou seja, algo que emergiu de sua prática, assim como Luiza foi buscar novas referências para aquilo que acreditava contribuir para suas práticas de ensino. Ambos nos contam que, a despeito da lógica neoliberal tentar enredar a todas e todos no sistema problema-solução, é possível escapar da alienação no saber do Outro e se aproximar de seus próprios saberes. Quando nos dizem o quanto cada curso significou para eles e suas práticas ou mesmo quando afirmam que sempre é possível aproveitar algo dos cursos oferecidos pelo Estado, como nos contou Eliana, as professoras e professores estão assumindo uma implicação subjetiva diante da formação e da prática que exercem. Ao assumirem a implicação subjetiva, eles estão mais próximos de seu desejo e, portanto, às voltas com os seus próprios saberes.

Nesse sentido, constatamos que quanto mais silenciado está o sujeito do inconsciente – e, portanto, mais apartado do contexto de formação – e quanto mais se amplia a desproporção entre o que demandam os professores e o que de fato recebem – formações sob medida pautadas na racionalidade técnica –, mais afastado o sujeito está de seu desejo. Quanto mais o sujeito se afasta de seu desejo, mais ele demanda ao Outro respostas que acredita poderem lhe dizer acerca do que ele próprio deseja. Dito de outro modo, quanto mais afastado estiver o sujeito do inconsciente nos contextos formativos, mais queixas denunciativas de que "algo não vai bem no modelo de formação" serão (re)produzidas. As queixas, portanto, denunciam a desproporção entre a demanda e a oferta, porque o que quer um professor, o Outro não pode oferecer.

Diante do exposto, parece que nos aproximamos das perguntas que despertaram o constructo do presente trabalho. Uma vez que a queixa se situa como ponto de denúncia de que o modelo de formação de professores vigente não funciona, o que nos resta dizer sobre o que de fato quer um professor? A discussão construída por meio da escuta de professores nos permitiu compreender que o que pedem os professores não necessariamente é o que querem. Tendo em vista que o desejo é a condição de possibilidade para o "querer", não se pode perder de vista que o desejo só se aproxima de um querer específico dentro da história singular de cada um, algo que envolve determinados contextos históricos, sociais e culturais. O desdobramento do desejo em um querer, portanto, é um processo singular.

A pergunta título deste trabalho, "O que quer um professor?", não por acaso faz uma alusão à indagação freudiana "O que quer uma mulher?" A questão de Freud se tornou clássica e uma espécie de norte para a psicanálise no que diz respeito às articulações teóricas em torno da mulher e da feminilidade. Porém, dado o seu caráter instigante, ela excedeu o campo psicanalítico emprestando seu teor enigmático para que pudesse ser transposta a outras áreas de conhecimento, pois a pergunta freudiana reflete o mal-estar relativo aos impasses colocados pelas escolhas e desejos do sujeito. Como no caso dos professores que, na atualidade, se veem às voltas com o confronto entre o que desejam e o que lhes demandam o Estado e a sociedade civil: a expectativa (ou exigência) social do professor excelente.

Então, afinal, o que quer um professor? Este trabalho não se encerra propondo uma resposta. Mas aponta para a escuta da dimensão subjetiva, por entender que o seu esquecimento no contexto da formação de professores amplia a desconexão entre saber e conhecimento. Para além de apresentar saídas que escapem do modelo reparatório de formação, nos interessa aqui demarcar a importância da posição subjetiva do professor enquanto implicação, pois somente o professor implicado subjetivamente com a sua práxis poderá produzir um saber sobre o seu ato.

Referências Bibliográficas

AGUIAR, Rosana M. R. & ALMEIDA, Sandra F. C. *Mal-Estar na Educação: O Sofrimento Psíquico de Professores*. Curitiba, Juruá, 2011.

ALMEIDA, Sandra F. C. "Formação Continuada de Professores: Conhecimentos e Saber na Análise Clínica das Práticas Profissionais". *Estilos da Clínica*, vol. 17, n. 1, pp. 76-87, 2012.

___. & AGUIAR, Rosana Márcia Rolando. "A Pesquisa-Intervenção na Formação Continuada de Professores e o Dispositivo de Análise das Práticas Profissionais, de Orientação Psicanalítica: Revisitando Algumas Questões e Considerações". *Educar em Revista*, n. 64, pp. 89-101, abr.-jun. 2017.

ALVES, Caio Augusto Carvalho. *Os Saberes Profissionais dos Professores: Formações, Carreiras e Experiências nas Reformas da Rede Pública de Ensino do Estado de São Paulo (1980-2010)*. São Paulo, Faculdade de Educação, Universidade de São Paulo, 2016 (Tese de Doutorado em Educação).

ALVES, Carmen Lucia Rodrigues. *A Formação Docente na Contemporaneidade: Do Sintoma à Possibilidade*. São Paulo, Faculdade de Educação, Universidade de São Paulo, 2018 (Tese de Doutorado em Educação).

ARANTES, Fernanda F. *Indicadores de Sucesso na Inclusão Escolar: Um Estudo Exploratório*. São Paulo, Instituto de Psicologia, Universidade de São Paulo, 2013 (Dissertação de Mestrado em Psicologia Escolar e do Desenvolvimento Humano).

ARENDT, Hannah. "A Crise na Educação". *Entre o Passado e o Futuro*. 7. ed. Trad. Mauro W. Barbosa. São Paulo, Perspectiva, 2016.

Barbaceli, Juliana T. *A Formação por Competências como Modelo Atual de Formação de Professores e os Desafios para a Profissionalização da Docência*. São Paulo, Faculdade de Educação, Universidade de São Paulo, 2017 (Tese de Doutorado em Educação).

Barbosa, Alexandre; Anjos, Ana Beatriz dos & Azoni, Cintia. "Impactos na Aprendizagem de Estudantes da Educação Básica Durante o Isolamento Físico Social pela Pandemia do Covid-19". *Codas*, vol. 34, n. 4, pp. 1-7, 2022.

Bastos, Marise Bartolozzi. *Inclusão Escolar: Um Trabalho com Professores a Partir de Operadores da Psicanálise*. São Paulo, Instituto de Psicologia, Universidade de São Paulo, 2003 (Dissertação de Mestrado).

____. "Sobre a Escuta de Professores na Formação Docente". *In*: Voltolini, Rinaldo. *Psicanálise e Formação de Professores: Antiformação Docente*. São Paulo, Zagodoni, 2018, pp. 125-138.

____. & Kupfer, Maria Cristina Machado. "A Escuta de Professores no Trabalho de Inclusão Escolar de Crianças Psicóticas e Autistas". *Estilos da Clínica*, vol. 15, n. 1, pp. 116-125, 2010.

Batista, Deniele Pereira. *Experiências do Tornar-se Professora*. Petrópolis, Universidade Católica de Petrópolis, 2017 (Tese de Doutorado em Educação).

Bauman, Zygmunt. *Vida para Consumo: A Transformação das Pessoas em Mercadoria*. Rio de Janeiro, Zahar, 2008.

Bernardino, Leda M. F. *O que a Psicanálise Pode Ensinar sobre a Criança, Sujeito em Constituição*. São Paulo, Escuta, 2006.

Birman, Joel. *Arquivos do Mal-Estar e da Resistência*. Rio de Janeiro, Civilização Brasileira, 2006.

Blanchard-Laville, Claudine. "Em Defesa de uma Clínica de Orientação Psicanalítica em Ciências da Educação". *Estilos da Clínica*, vol. 12, n. 22, pp. 208-223, 2007.

Bondía, Jorge Larrosa. "Notas sobre Experiência e o Saber de Experiência". *Revista Brasileira de Educação* [online], n. 19, 2002.

____. & Kohan, Waltyer Kohan. "Epílogo". *In*: Rancière, J. *O Mestre Ignorante: Cinco Lições sobre a Emancipação Intelectual*. 2. ed. Belo Horizonte, Autêntica, 2019.

Bourdieu, Pierre. "L'École conservatrice: lês inégalités devant l'ecole et la culture". *Revue Française de Sociologie*, vol. 7, n. 3, pp. 325-347, 1966.

BRASIL. *Constituição da República Federativa do Brasil*. Brasília, Centro Gráfico do Senado Federal, 1988.

___. *Lei Brasileira de Inclusão da Pessoa com Deficiência (Estatuto da Pessoa com Deficiência). Lei n. 13.146, de 6 de Julho de 2015*.

___. *Lei de Diretrizes e Bases da Educação Nacional. Lei n. 9.394, de 20 de Dezembro de 1996*. Brasília, Senado Federal/Coordenação de Edições Técnicas, 1996.

___. *Lei de Diretrizes e Bases da Educação Nacional*. 2. ed. Brasília, Senado Federal/ Coordenação de Edições Técnicas, 2018.

BRASIL. MINISTÉRIO DA EDUCAÇÃO. CONSELHO NACIONAL DE EDUCAÇÃO. *Resolução do Conselho Nacional de Educação/Conselho Pleno (CNE/CP) de 18 de Fevereiro de 2002*.

BRASIL. MINISTÉRIO DA EDUCAÇÃO. CONSELHO NACIONAL DE EDUCAÇÃO. CONSELHO PLENO. *Resolução n. 2, de 1º de Julho de 2015*. Define as Diretrizes Curriculares Nacionais para a formação inicial em nível superior (cursos de licenciatura, cursos de formação pedagógica para graduados e cursos de segunda licenciatura) e para a formação continuada. Brasília, Diário Oficial da União, 2.7.2015.

CARVALHO, José Sérgio. *Por uma Pedagogia da Dignidade: Memórias e Reflexões sobre a Experiência Escolar*. São Paulo, Summus, 2016.

CHARLOT, Bernard. *Relação com o Saber, Formação de Professores e Globalização: Questões para Educação Hoje*. Porto Alegre, Artmed, 2005.

CIFALI, Mireille. "Conduta Clínica, Formação e Escrita". *In*: PAQUAY, L. *et al.* (orgs.). *Formando Professores Profissionais: Quais Estratégias? Quais Competências?* Porto Alegre, Artmed, 2001, pp. 101-114.

___. "Educar, uma Profissão Impossível – Dilemas Atuais". *Estilos da Clínica*, vol. 4, n. 7, pp. 139-150, 1999.

___. "Ofício 'Impossível'? Uma Piada Inesgotável". *Educação em Revista*, vol. 25, n. 1, abr. 2009.

CUNHA, Maria Isabel da. "O Tema da Formação de Professores: Trajetórias e Tendências do Campo na Pesquisa e na Ação". *Educação e Pesquisa*, n. 3, pp. 609-625, jul.-set. 2013.

DINIZ, Margareth & PEREIRA, Marcelo Ricardo. "A Presença da Psicanálise na Universidade: Pesquisa e Dispositivos para a Formação Docente". *Revista Faeba – Ed. e Contemporaneidade*, vol. 29, n. 60, pp. 84-101, out.-dez. 2020.

DUFOUR, Dany-Robert. *A Arte de Reduzir as Cabeças: Sobre a Nova Servidão na Sociedade Ultraliberal*. Rio de Janeiro, Companhia de Freud, 2005.

DUNKER, Christian. *Mal-Estar, Sofrimento e Sintoma*. São Paulo, Boitempo, 2015.

ELIA, Luciano. "A Transferência na Pesquisa em Psicanálise: Lugar ou Excesso?" *Psicologia: Reflexão e Crítica*, vol. 12, n. 3, 1999.

____. "Psicanálise: Clínica e Pesquisa". *In*: ALBERTI, Sonia & ELIA, Luciano (orgs.). *Clínica e Pesquisa em Psicanálise*. Rio de Janeiro, Rios Ambiciosos, 2000, pp. 19-35.

ESTEVE, José M. *O Mal-Estar Docente: A Sala de Aula e a Saúde dos Professores*. Bauru, Edusc, 1999.

FALCÃO, Rafaela de Oliveira; LIMA, Maria Celina Peixoto & MAIA FILHO, Osterne Nonato. "Psicanálise e Formação de Professores: Estudo das Produções Científicas no Brasil". *Psicologia da Educação*, n. 47, pp. 79-87, 2018.

FANIZZI, Carolina. "A Docência sob a Hegemonia da Dimensão Técnica e Metodológica do Discurso Educacional". *Educação e Sociedade*, vol. 40, pp. 1-16, 2019.

FIGUEIREDO, Luis Claudio & MINERBO Marion. "Pesquisa em Psicanálise: Algumas Ideias e um Exemplo". *Jornal de Psicanálise*, vol. 39, n. 70, pp. 257-278, jun. 2006.

FINK, Bruce. *O Sujeito Lacaniano*. Rio de Janeiro, Jorge Zahar, 1998.

FLEIG, M. "Metapsicologia do Sujeito Moderno". *Revista Psicologia: Reflexão e Crítica*, vol. 12, n. 3, 1999.

FONTANELLA, B. J. B.; RICAS, J. & TURATO, E. R. "Amostragem por Saturação em Pesquisas Qualitativas em Saúde: Contribuições Teóricas". *Cadernos de Saúde Pública*, vol. 24, n. 1, pp. 17-27, 2008.

FORBES, Jorge. "Prefácio". *In*: MILLER, Jacques-Alain & MILNER, Jean-Claude. *Você Quer Mesmo Ser Avaliado? Entrevistas sobre uma Máquina de Impostura*. Barueri, Manole, 2006.

FOUCAULT, Michel. "Conversa com Michel Foucault". *Repensar a Política*. Rio de Janeiro, Forense Universitária, 2010, pp. 289-347 (Ditos & Escritos, VI).

____. *Nascimento da Biopolítica*. São Paulo, Martins Fontes, 2008.

____. *Segurança, Território e População* [1978]. São Paulo, Martins Fontes, 2008.

FREITAS, Helena Lopes Costa. "A Reforma do Ensino Superior no Campo da Formação dos Profissionais da Educação Básica: As Políticas Educacionais e o Movimento dos Educadores". *Educação e Sociedade*, vol. 20, n. 68, pp. 17-43, dez. 1999.

FREUD, Sigmund. *A História do Movimento Psicanalítico* [1914]. Rio de Janeiro, Imago, 1996 (Edição Standard Brasileira das Obras Psicológicas Completas, XIV).

____. "Análise Terminável e Interminável" [1937]. *Moisés e o Monoteísmo*. Rio de Janeiro, Imago, 1996 (Edição Standard Brasileira das Obras Psicológicas Completas, XXIII).

____. *Dois Verbetes de Enciclopédia* [1922]. Rio de Janeiro, Imago, 1996 (Edição Standard Brasileira das Obras Psicológicas Completas, XVIII).

____. "Esboço de Psicanálise" [1938]. *Moisés e o Monoteísmo*. Rio de Janeiro, Imago, 1996 (Edição Standard Brasileira das Obras Psicológicas Completas, XXIII).

____. *O Ego e o Id* [1923]. Rio de Janeiro, Imago, 1996 (Edição Standard Brasileira das Obras Psicológicas Completas, XIX).

____. *O Mal-Estar na Civilização* [1930]. Rio de Janeiro, Imago, 1996 (Edição Standard Brasileira das Obras Psicológicas Completas, XXI).

____. "Prefácio a *Juventude Desorientada*, de Aichhorn" [1925]. *O Ego e o Id*. Rio de Janeiro, Imago, 1996 (Edição Standard Brasileira das Obras Psicológicas Completas, XIX).

____. "Projeto para uma Psicologia Científica" [1895]. *Publicações Pré-Psicanalíticas e Esboços Inéditos*. Rio de Janeiro, Imago, 1996 (Edição Standard Brasileira das Obras Psicológicas Completas, I).

____. *Psicologia de Grupo e a Análise do Ego* [1921]. Rio de Janeiro, Imago, 1996 (Edição Standard Brasileira das Obras Psicológicas Completas, XVIII).

____. *Recomendações aos Jovens Médicos* [1912]. Rio de Janeiro, Imago, 1996 (Edição Standard Brasileira das Obras Psicológicas Completas, XII).

____. "Sobre o Narcisismo: Uma Introdução" [1914]. *A História do Movimento Psicanalítico*. Rio de Janeiro, Imago, 1996 (Edição Standard Brasileira das Obras Psicológicas Completas, XIV).

____. "Sobre o Início do Tratamento (Novas Recomendações sobre a Técnica da Psicanálise I)" [1913]. *O Caso de Schreber e Artigos sobre Técnica*. Rio de

Janeiro, Imago, 1996 (Edição Standard Brasileira das Obras Psicológicas Completas, XII).

____. *Totem e Tabu* [1913]. Rio de Janeiro, Imago, 1996 (Edição Standard Brasileira das Obras Psicológicas Completas, XXIII).

FUNDAÇÃO CARLOS CHAGAS. *Formação Continuada de Professores: Uma Análise das Modalidades e das Práticas em Estados e Municípios Brasileiros. Relatório Final.* São Paulo, Fundação Carlos Chagas, 2011.

GATTI, Bernadete A. "Análise das Políticas Públicas para a Formação Continuada no Brasil, na Última Década". *Revista Brasileira de Educação*, vol. 13, n. 37, pp. 57-70, jan.-abr. 2008.

____. "Formação de Professores no Brasil: Características e Problemas". *Educação e Sociedade*, vol. 31, n. 113, pp. 1355-1379, out.-dez. 2010.

GEGLIO, Paulo César. "O Papel do Coordenador Pedagógico na Formação do Professor em Serviço". *In*: PLACCO, Vera Maria Nigro de Souza & ALMEIDA, Laurinda Ramalho de (orgs.). *O Coordenador Pedagógico e o Cotidiano da Escola.* São Paulo, Loyola, 2003.

GENTILLI, Pablo. "Neoliberalismo e Educação: Manual do Usuário". *In*: SILVA, Tomaz da S. & GENTILLI, Pablo (orgs.). *Escola S. A. Quem Ganha e Quem Perde no Mercado Educacional do Neoliberalismo.* Brasília, CNTE, 1996.

GURSKY, Rosilene. "Formação de Professores e Transmissão da Experiência: Narrar, Poetar, Profanar". *In*: MOSCHEN, S. Z. & VASQUES, C. K. (orgs.). *Psicanálise, Educação Especial e Formação de Professores: Construções em Rasuras.* Porto Alegre, Editora da UFRGS, 2017, pp. 73-86.

HUGO, Victor. *Os Trabalhadores do Mar.* São Paulo, Cosac Naify, 2013.

INSTITUTO ANTÔNIO HOUAISS. *Dicionário Houaiss da Língua Portuguesa.* São Paulo, Objetiva, 2001.

KUPFER, Maria C. M. "O Sujeito na Psicanálise e na Educação: Bases para a Educação Terapêutica". *Educação e Realidade*, vol. 35, n. 1, pp. 265-281, jan.-abr. 2010.

LACAN, Jacques. "A Direção do Tratamento e os Princípios do seu Poder" [1958]. *Escritos.* Rio de Janeiro, Jorge Zahar, 1998.

____. "A Subversão do Sujeito e a Dialética do Desejo" [1960]. *Escritos.* Rio de Janeiro, Jorge Zahar, 1998.

____. *Escritos.* Rio de Janeiro, Jorge Zahar, 1998.

____. *O Seminário*. Livro 2: *O Eu na Teoria de Freud e na Técnica da Psicanálise* [1985]. Rio de Janeiro, Jorge Zahar, 1995.

____. *O Seminário*. Livro 4: *A Relação de Objeto* [1956-1957]. Rio de Janeiro, Jorge Zahar, 1995.

____. *O Seminário*. Livro 5: *As Formações do Inconsciente* [1958]. Rio de Janeiro, Jorge Zahar, 1999.

____. *O Seminário*. Livro 7: *A Ética da Psicanálise* [1959-1960]. Rio de Janeiro, Jorge Zahar, 1988.

____. *O Seminário*. Livro 11: *Os Quatro Conceitos Fundamentais da Psicanálise* [1964]. Rio de Janeiro, Jorge Zahar, 2008.

____. *O Seminário*. Livro 15: *O Ato Psicanalítico* [1967-1968]. Rio de Janeiro, Jorge Zahar, s.d.

____. *O Seminário*. Livro 17: *O Avesso da Psicanálise* [1969-1970]. Rio de Janeiro, Jorge Zahar, 1992.

____. *O Seminário*. Livro 20: *Mais, Ainda* [1972-1973]. 2. ed. Rio de Janeiro, Jorge Zahar, 2008.

____. *Outros Escritos*. Rio de Janeiro, Jorge Zahar, 2003.

____. "Posição do Inconsciente" [1964]. *Escritos*. Rio de Janeiro, Jorge Zahar, 1998.

____. "Proposição de 9 de Outubro de 1967 sobre o Psicanalista da Escola [1967]". *Outros Escritos*. Rio de Janeiro, Jorge Zahar, 2003.

____. "Televisão". *Outros Escritos*. Rio de Janeiro, Jorge Zahar, 2003, pp. 508-543.

LAJONQUIÈRE, Leandro de. "A Palavra e as Condições da Educação Escolar". *Educação & Realidade*, vol. 38, n. 2, 2013.

____. *Figuras do Infantil. A Psicanálise na Vida Cotidiana com as Crianças*. Petrópolis, Vozes, 2010.

____. *Infância e Ilusão (Psico)Pedagógica: Escritos de Psicanálise e Educação*. 4. ed. Petrópolis, Vozes, 2009.

____. "Quando o Sonho Cessa e a Ilusão Psicopedagógica nos Invade, a Escola Entra em Crise. Notas Comparativas Argentina, Brasil, França". *Educação Temática Digital*, vol. 21, n. 2, pp. 297-315, 2019.

LAPLANCHE, J. & PONTALIS, J. *Vocabulário de Psicanálise*. 4. ed. São Paulo, Martins Fontes, 2001.

LARROSA, Jorge. "Notas sobre a Experiência e o Saber de Experiência". *In*: GERALDI, Corinta G.; RIOLFI, Cláudia R. & GARCIA, Maria de Fátima (orgs.). *Escola Viva: Elementos para a Construção de uma Educação de Qualidade Social*. Campinas, Mercado de Letras, 2004, pp. 113-132.

LEBRUN, Jean-Pierre. *Um Mundo sem Limite: Ensaio para uma Clínica Psicanalítica do Social*. Rio de Janeiro, Companhia de Freud, 2001.

LIMA, Ana Laura Godinho. "Os Temas da Evolução e do Progresso nos Discursos da Psicologia Educacional e da História da Educação". *História da Educação*, vol. 23, 2019.

LIMA, Candice Marques & MASSON, Leilyane Oliveira Araújo. "O Mal-Estar na Educação Inclusiva no País da Cordialidade". *In*: CARLONI, Paola Regina; FREIRE, Arnaldo Cardoso & ANDRADE, Tatiana Carilly Oliveira (orgs.). *Inclusão, Educação e Sociedade*. Goiânia, Mundial Gráfica, 2018, pp. 53-68.

LO BIANCO, Anna Carolina. "O Saber Inconsciente e o Saber que se Sabe nos Dias de Hoje". *Ágora*, vol. XIII, n. 2, pp. 165-173, jul.-dez. 2010.

MARÇAL-RIBEIRO, P. R. "História da Educação Escolar no Brasil: Notas para uma Reflexão". *Paideia*, vol. 4, pp. 15-30, fev.-jul. 1993.

MARRACH, Sonia A. "Neoliberalismo e Educação". *In*: SILVA Jr., Celestino A. da; BUENO, M. Sylvia; GHIRALDELLI Jr., Paulo & MARRACH, Sonia A. *Infância, Educação e Neoliberalismo*. São Paulo, Cortez, 1996, pp. 42-56.

MASSCHELEIN, Jan & SIMONS, Maarten. *Em Defesa da Escola: Uma Questão Pública* [2013]. 2. ed. Trad. Cristina Antunes. Belo Horizonte, Autêntica, 2018.

MATOS, Cleide, C. & REIS, Manuelle E. "As Reformas Curriculares e a Formação de Professores: Implicações para a Docência". *Revista HISTEDBR on-line*, vol. 19, pp. 1-15, 2019.

MILLER, Jacques-Alain & MILNER, Jean-Claude. *Você Quer Mesmo Ser Avaliado? Entrevistas sobre uma Máquina de Impostura*. Barueri, Manole, 2006.

MIRANDA, Margarete Parreira. *O Mal-Estar do Professor em Face da Criança Considerada Problema: Um Estudo de Psicanálise Aplicada à Educação*. Belo Horizonte, Faculdade de Educação, Universidade Federal de Minas Gerais, 2010 (Tese de Doutorado em Educação).

MONTANHEIRO, Aline Gasparini. *Sentidos dos Cursos de Formação Continuada para Professores: Uma Saída Psicanalítica*. São Paulo, Faculdade de Educação, Universidade de São Paulo, 2015 (Dissertação de Mestrado em Educação).

MRECH, Leny Magalhães. *O Espelho Partido e a Questão da Deficiência Mental em seu Vínculo com as Estruturas de Alienação no Saber.* São Paulo, Instituto de Psicologia, Universidade de São Paulo, 1989 (Tese de Doutorado).

____. (org.). *O Impacto da Psicanálise na Educação.* São Paulo, Avercamp, 2005.

____. *Psicanálise e Educação: Novos Operadores de Leitura.* São Paulo, Pioneira, 1999.

NASCIMENTO, B. M. "Alienação, Separação e Travessia da Fantasia". *Opção Lacaniana online,* ano 1, n. 1, pp. 1-15, 2010.

NÓVOA, António. "Firmar a Posição como Professor, Afirmar a Profissão Docente". *Cadernos de Pesquisa,* vol. 47, n. 166, pp. 1106-1133, out.-dez. 2017.

____. "Formação de Professores e Profissão Docente". *In:* NÓVOA, António (coord.). *Os Professores e a sua Formação.* Lisboa, Dom Quixote, 1992.

____. "Os Professores e a sua Formação num Tempo de Metamorfose da Escola". *Educação & Realidade,* vol. 44, n. 3, e84910, 2019.

PALHARES, Odana & BASTOS, Marise Bartolozzi. "Duas Notas sobre a Formação de Professores na Perspectiva Psicanalítica". *Estilos da Clínica,* vol. 22, n. 2, pp. 246-267, maio-ago. 2017.

PAQUAY, Léopold *et al.* (org.). *Formando Professores Profissionais: Quais Estratégias? Quais Competências?* Porto Alegre, Artmed, 2008.

PASSONE, Eric F. Kanai. "Psicanálise e Educação: O Discurso Capitalista no Campo Educacional". *ETD – Educação Temática Digital,* vol. 15, n. 3, pp. 407-424, set.-dez. 2013.

____. "Produção do Fracasso Escolar e o Furor Avaliativo: O Sujeito Resiste?" *Estilos da Clínica,* vol. 20, n. 3, pp. 400-420, set.-dez. 2015.

PATTO, Maria Helena Souza. *A Produção do Fracasso Escolar: Histórias de Submissão e Rebeldia.* São Paulo, Intermeios, 2015.

____. "O Fracasso Escolar como Objeto de Estudo: Anotações sobre as Características". *Cadernos de Pesquisa,* n. 65, pp. 72-77, 1988.

PECHBERTY, Bernard. "Apports actuels de la psychanalyse à l'éducation et l'enseignement: un éclairage fécond". *Revue de Didactologie des Langues-cultures,* vol. 3, n. 131, pp. 265-273, 2003.

____. "Qual a Inclusão Possível para a Deficiência e a Dificuldade de Ensinar? Uma Resposta Clínica e Psicanalítica". *In*: KUPFER, Maria C. M.; PATTO, Maria Helena Souza & VOLTOLINI, Rinaldo (orgs.). *Práticas Inclusivas em Escolas Transformadoras: Acolhendo o Aluno Sujeito*. São Paulo, Escuta/Fapesp, 2017, pp. 189-208.

PEREIRA, Marcelo Ricardo. *Acabou a Autoridade? Professor, Subjetividade e Sintoma*. Belo Horizonte, Fino Traço/Fapemig, 2011.

____. "De que Padecem Hoje os Professores da Educação Básica?" *Educar em Revista*, n. 64, pp. 71-87, abr.-jun. 2017.

____. *O Nome Atual do Mal-Estar Docente*. Belo Horizonte, Fino Traço, 2016.

____. "Subversão Docente: Ou Para Além da Realidade do Aluno". *In*: MRECH, Leny Magalhães (org.). *O Impacto da Psicanálise na Educação*. São Paulo, Avercamp, 2005, pp. 93-116.

PERRENOUD, Philippe. "O Trabalho sobre o *Habitus* na Formação de Professores: Análise das Práticas de Tomada de Consciência". *In*: PAQUAY, Léopold *et al.* (orgs.). *Formando Professores Profissionais: Quais Estratégias? Quais Competências?* Porto Alegre, Artmed, 2008, pp. 161-184.

PLAISANCE, Eric. "'Não Estamos Preparados para Isso!' Educação Inclusiva e Formação de Professores". *In*: VOLTOLINI, Rinaldo. *Psicanálise e Formação de Professores: Antiformação Docente*. São Paulo, Zagodoni, 2018, pp. 111-124

____. "Quais São as Práticas Inclusivas de Educação no Mundo Contemporâneo? Análises Críticas e Perspectivas de Ação". *In*: KUPFER, Maria C. M.; PATTO, Maria Helena Souza & VOLTOLINI, Rinaldo (orgs.). *Práticas Inclusivas em Escolas Transformadoras: Acolhendo o Aluno Sujeito*. São Paulo, Escuta/Fapesp, 2017, pp. 231-248.

QUINET, Antonio. *A Descoberta do Inconsciente: Do Desejo ao Sintoma*. Rio de Janeiro, Zahar, 2000.

____. *Psicose e Laço Social: Esquizofrenia, Paranoia e Melancolia*. Rio de Janeiro, Zahar, 2006.

RANCIÈRE, J. *O Mestre Ignorante: Cinco Lições sobre a Emancipação Intelectual*. 2. ed. Belo Horizonte, Autêntica, 2019.

REVAH, Daniel. "O Docente 'em Falta' como Figura Cristalizada". *Estilos da Clínica*, vol. 22, n. 3, pp. 556-575, set.-dez. 2017.

Rosa, Miriam D. "A Pesquisa Psicanalítica dos Fenômenos Sociais e Políticos: Metodologia e Fundamentação Teórica". *Revista Mal-Estar e Subjetividade*, vol. iv, n. 2, pp. 329-348, 2004.

____. & Domingues, Eliane. "O Método na Pesquisa Psicanalítica de Fenômenos Sociais e Políticos: A Utilização da Entrevista e da Observação". *Psicologia & Sociedade*, vol. 22, n. 1, pp. 180-188, 2010.

Roudinesco, Elisabeth & Plon, Michel. *Dicionário de Psicanálise*. Rio de Janeiro, Zahar, 1998.

Saviani, Demerval. "Formação de Professores: Aspectos Históricos e Teóricos do Problema no Contexto Brasileiro". *Revista Brasileira de Educação*, vol. 14, n. 40, pp. 143-155, jan.-abr. 2009.

____. "Formação de Professores no Brasil: Dilemas e Perspectivas". *Poíesis Pedagógica*, vol. 9, n. 1, pp. 7-19, jan.-jun. 2011.

Sennett, Richard. *A Cultura do Novo Capitalismo*. Rio de Janeiro, Record, 2006.

Schön, D. A. *Educando o Profissional Reflexivo: Um Novo Design para o Ensino e a Aprendizagem*. Trad. Roberto Cataldo Costa. Porto Alegre, Artes Médicas Sul, 2000.

Silva, M. M. "Freud e a Atualidade de *O Mal-Estar na Cultura*". *Analytica*, vol. 1, n. 1, pp. 45-72, jul.-dez. 2012.

Soler, Colette. *De um Trauma ao Outro*. São Paulo, Blucher, 2021.

Silvestre, Michel. *Amanhã, a Psicanálise*. Rio de Janeiro, Zahar, 1991.

Tardif, Maurice L. C. "A Profissionalização do Ensino Passados Trinta Anos: Dois Passos para a Frente, Três para Trás". *Educação e Sociedade*, vol. 34, n. 123, pp. 551-571, abr.-jun. 2013.

____. *O Trabalho Docente. Elementos para uma Teoria da Docência como Profissão de Interações Humanas*. Petrópolis, Vozes, 2005.

____. *Saberes Docentes e Formação Profissional*. Petrópolis, Vozes, 2014.

Torres, Ronaldo. "Indicações sobre a Estrutura da Ação Específica Freudiana: Efeitos para o Sujeito da Psicanálise". *Agora*, vol. xiv, n. 1, pp. 61-76, jan.-jun. 2011.

Veiga-Neto, Alfredo. "Governamentalidades, Neoliberalismo e Educação". *In*: Castelo Branco, Guilherme & Veiga-Neto, Alfredo (orgs.). *Foucault: Filosofia e Política*. Belo Horizonte, Autêntica, 2011, pp. 37-52.

____. & NOGUEIRA Carlos Ernesto. "Conhecimento e Saber – Apontamentos para os Estudos de Currículo". *In*: SANTOS, Lucíola *et al.* (orgs.). *Convergências e Tensões no Campo da Formação e do Trabalho Docente.* Belo Horizonte, Autêntica, 2010.

VOLTOLINI, Rinaldo. "A Inclusão É Não Toda". *In*: COLLI, Fernando A. G. & KUPFER, Maria C. M. (orgs.). *Travessias – Inclusão Escolar: A Experiência do Grupo Ponte Pré-Escola Terapêutica Lugar de Vida.* São Paulo, Casa do Psicólogo, 2005, pp. 149-155.

____. "A Pedagogia como Técnica: Psicanálise e Rentabilização dos Saberes". *Revista Espaço Acadêmico*, vol. 13, 2012.

____. *Educação e Psicanálise*. Rio de Janeiro, Zahar, 2011.

____. "Formação de Professores e Psicanálise". *In*: KUPFER, Maria C. M.; PATTO, Maria Helena Souza & VOLTOLINI, Rinaldo (orgs.). *Práticas Inclusivas em Escolas Transformadoras: Acolhendo o Aluno Sujeito.* São Paulo, Escuta/Fapesp, 2017, pp. 171-188.

____. "O Conhecimento e o Discurso do Capitalista: A Despsicologização do Cotidiano Social". *Revista Estilos da Clínica*, vol. 17, n. 1, pp. 106-121, 2012.

____. *Psicanálise e Formação de Professores: Antiformação Docente.* São Paulo, Zagodoni, 2018.

TÍTULO *O Que Quer um Professor? Queixa, Demanda e Desejo na Formação de Professores*

AUTOR Fernanda Ferrari Arantes

EDITOR Plinio Martins Filho

REVISÃO Carolina Bednarek Sobral

PRODUÇÃO EDITORIAL Carlos Gustavo Araújo do Carmo

DESIGN Casa Rex

FORMATO 13,7 x 21 cm

TIPOLOGIA Família Utopia

PAPEL Chambril Avena 80g/m² (capa)
Cartão Supremo 250 g/m² (miolo)

NÚMERO DE PÁGINAS 264

IMPRESSÃO E ACABAMENTO Lis Gráfica